高等职业教育经管类专业平台课精品教材

商务会计基础

李 雯 主编
刘宝燕 副主编

中国轻工业出版社

图书在版编目（CIP）数据

商务会计基础/李雯主编. —北京：中国轻工业出版社，2022.6
高等职业教育"十三五"规划教材
ISBN 978-7-5184-2060-5

Ⅰ.①商… Ⅱ.①李… Ⅲ.①商业会计—高等职业教育—教材 Ⅳ.①F715.51

中国版本图书馆 CIP 数据核字（2018）第 203859 号

责任编辑：张文佳　　　责任终审：李克力
整体设计：锋尚设计　　责任校对：吴大朋　　责任监印：张　可

出版发行：中国轻工业出版社（北京东长安街6号，邮编：100740）

印　　刷：三河市国英印务有限公司

经　　销：各地新华书店

版　　次：2022年6月第1版第2次印刷

开　　本：787×1092　1/16　印张：13.25

字　　数：350千字

书　　号：ISBN 978-7-5184-2060-5　定价：39.80元

邮购电话：010-65241695

发行电话：010-85119835　传真：85113293

网　　址：http://www.chlip.com.cn

Email：club@chlip.com.cn

如发现图书残缺请与我社邮购联系调换

220682J2C102ZBW

前 言

随着高职教育改革的深化，质量内涵建设已成为高校重中之重工作，以区域经济发展为依托的专业群建设日益成为高职专业建设和质量内涵建设的重要内容。2014年，教育部等六部联合印发《现代职业教育体系建设规划（2014—2020）》（教发［2014］6号），文件中要求统筹职业教育区域发展布局，提出："根据各主体功能区的定位，推动区域内职业院校科学定位，使每一所职业院校集中力量办好当地经济社会发展需要的特色优势专业（集群）。"在此背景下，我们组织编写了《商务会计基础》一书。

本书系统地阐述了商务会计的基本理论、基本方法和基本操作技术，是财经商贸类专业初学会计的入门教材。本书以《中华人民共和国会计法》和新《企业会计准则》为依据，打破了传统教材学科体系的构建模式，从职业能力分析设定职业素养目标，创新地将会计基础知识和基本操作技能整合为"踏上会计旅途、旅途的开始、旅途中的成长、旅途中的邂逅、告别快乐的旅途"5个大项目、15个任务，涵盖了"会计概述、借贷记账法及其应用、会计凭证、会计账簿、成本分析、主要会计报表及分析"等内容，并将理论知识与实践融为一体，充分激发学生的学习热情。同时，为了帮助学习者更好地理解和消化教材内容，本书在每一项目前面都提出了该项目的"学习目标"和"案例导入"，并在每一项目后都附有"项目总结"和"知识巩固"。

本书由淄博职业学院教师编写。李雯担任主编，刘宝燕担任副主编，全书各项目分工如下：刘宝燕执笔项目一、项目二；李雯执笔项目三、项目四、项目五。本书在编写过程中，广泛参阅了专家、学者公开出版的大量专著和教材，同时还得到了中国轻工业出版社的大力支持和帮助，在这里一并表示衷心的感谢！

由于编者水平有限，虽力求完美，但书中错误和不足之处在所难免，恳请广大读者批评指正！

编者

2018年6月

目 录

项目一 踏上会计旅途

- 任务1 开启会计大门的钥匙 2
- 任务2 会计家族的"六个宝贝" 10
- 任务3 会计通行证 22
- 任务4 细说借贷 31
- 任务5 掌握原则 36
- 项目总结 42
- 知识巩固 43
- 技能训练 45

项目二 旅途的开始

- 任务1 认识凭证 50
- 任务2 辨别账簿 72
- 任务3 会计流程 78
- 项目总结 81
- 知识巩固 82
- 技能训练 84

项目三 旅途中的成长

- 任务1 公司开业 89
- 任务2 公司运营 105
- 任务3 利润核算 122
- 项目总结 138
- 知识巩固 140
- 技能训练 141

项目四 旅途中的邂逅

任务1	成本性态	147
任务2	本量利分析	158

项目总结 163

知识巩固 165

技能训练 167

项目五 告别快乐的旅途

任务1	三大报表	170
任务2	财务分析	186

项目总结 198

知识巩固 199

技能训练 201

参考文献 205

项目一 踏上会计旅途

学习目标

本项目是学习会计的起点,主要介绍会计的基本概念和基础知识,其内容贯穿于会计工作的始终。通过本项目的学习,学生应该做到以下几点:

1. 了解会计的产生及其发展;了解会计核算方法;重点理解会计的含义、会计的基本职能、会计核算的前提条件。
2. 掌握会计等式及经济业务对等式的影响,能够正确分析经济业务发生对会计等式的影响。
3. 掌握会计科目与账户的分类;熟悉常用的会计科目;掌握账户的结构,能够根据经济业务正确设置账户。
4. 掌握借贷记账法,能够根据经济业务熟练编制会计分录。
5. 掌握权责发生制和会计信息质量要求,熟练应用会计信息质量的相关要求分析经济业务。

> **案例导入**

什么是会计

Leo、Cici、Bob和Cindy是四个好伙伴,在一次聚会上,一番天南海北之后,聊起什么是会计的话题,四人各执一词:

Leo: 什么是会计?这还不简单,会计是指一个人。比如,我们公司的Betty,就是我们公司的会计人员,很显然会计是指人。

Cici: 不对哦,会计不是指人,会计是指一项工作。比如,我们常常这样问一个人,你在公司做什么?他会说,我在公司当会计。可见,会计当然是指会计工作了。

Bob: 会计不是指一项工作,也不是指一个人,而是指一个部门、一个机构,即会计机构。你们看,每个公司都会有一个会计部门,或者会计处之类的部门,所以会计就是指会计部门,显然是一个机构了。

Cindy: 你们都错了。会计既不是一个人,也不是指一项工作,更不是指一个机构,而是指一门学科。我弟弟现在就在厦门大学学习会计,他当然是去学一门学科或一个专业。

如果让你来谈谈什么是会计的问题,你会怎么说呢?

> **相关知识**

任务1 开启会计大门的钥匙

一、会计的产生与发展

(一)会计的产生

会计是适应人类生产实践和经济管理而产生的,并随着生产的不断发展而发展。在生产力极其低下的时期,人们的生产活动非常简单,生产成果与生产耗费的计量、计算、比较以及生产成果的分配,单凭人脑的简单思考、记忆或者直觉就能完成,不需要专门的记录、计算,因而也不需要会计。

随着生产力的发展,人们的生产、分配、交换、消费活动日趋复杂,仅凭人脑的记忆和计算已不能满足管理生产等经济活动的需要,而必须通过观察、计量、计算、记录等方式,于是出现了较为简单的记数、记录行为,如我国古代的"刻石记数""结绳记事",古巴比伦的"泥板",古埃及的"刻石"等。从会计角度来看,这些简单的记数、记录行为就是会计产生的萌芽。然而，由于生产力的低下，这些较为简单的会计活动仍从属于生产过程，即仅仅是在生产之余附带地做一些记数、记录工作，因而是生产职能的附带部分。

当生产力发展到一定水平，出现了大量的剩余产品，生产活动产生了大量需要记数、记录的事项时，人们已无法在"生产之余"完成记数、记录工作，于是就有必要而且也有可能将会计活动分离出来，成为独立的会计活动，会计终于诞生了，会计职能活动也由此独立于生产职能。

> **你知道吗** 佤族人对债权债务的处理
>
> 中国古代位于云南地区的佤族人把一根绳索高挂于墙上，用于记载清算债权、债务账目。他们将一根用来计数或记事的绳索分为三个区间，分别代表放债数额、放债利息和放债时间等不同的反映内容。
>
> 如在绳的上部结出三个大结，表示已经借出去三元滇元，在中间结出一个大结和一个小结，表示每半年应收一年半滇元的利息，而在绳的下部结出的三个大结和一个小结，则表示上述债务已经借出去三年半了。

（二）会计的发展

我国会计的发展经历了漫长的历程。随着生产力的不断发展，会计经历了从简单的实物计量到货币计量；从记录财物收支到复式记账、目标管理；从手工操作到电算化操作的过程，会计方法日趋完备，内容日益丰富。

原始社会末期，会计是生产职能的附带部分，处于萌芽时期，开始在生产的同时运用结绳记事、刻契记事方法记录生产活动和成果，并建立了"盘点结算法"，采用盘存财产物资的方法进行记录和计算。

西周时期，"会计"一词开始使用，其基本含义是"零星计算为计，综合计算为会"，既有日常的零星核算，又有岁终的综合核算，以达到正确考核王朝财政收支的目的。在会计组织上设"司会"主管会计，为计官之长，并建立了所谓"以参互考日成，以月要考月成，以岁会考岁成"的"参互、月要、岁会"等报告文书，初步具有了旬报、月报、年报等会计报表的雏形，表明会计的真正诞生。

西汉时期，会计的结算方法在"盘点结算法"的基础上发展为"三柱结算法"，结算本期财产物资增减变化及其结果。其计算公式为：入－去＝余。

唐、宋朝时期，是我国古代会计的鼎盛时期。宋朝淳化五年（公元994年）创造了"四柱清册"方法。所谓"四柱"，是指"旧管""新收""开除""实在"，分别相当于现代会计中的"上期结存""本期收入""本期支出""本期结存"。"四柱清册"方法通过"旧管＋新收＝开除＋实在"，对一定时期的财物收支进行试算平衡，既可以检查日常记账的正确性，又可以系统、全面、综合地反映经济活动的全貌。

明末清初，在以前"三柱结算法"和"四柱结算法"的单式记账方法基础上创建了复式记账方法"龙门账"。将日常发生的账项划分为"进""缴""存""该"四大类，"进"和"缴"为一线，"存"和"该"为另一线，实行双规计算盈亏。其计算公式为：进－缴＝存－该，分别相当于现代会计的收入、支出、资产和负债，期末编制"进缴表（资产负债表）"和"存该表（利润表）"，实行双轨计算盈亏。

清朝中叶，复式记账又进一步发展，建立了"四脚账"，又称天地合账。将账簿每页用中线划分为天地两方，上为天（收）下为地（付），上收下付，收为来账，付为去账，天地两方相等。对每笔账都要用相等的金额同时在账簿中分别登记来账和去账，以反映每笔账的来龙去脉。

在20世纪初期，借贷记账法传入我国，随后我国又引进英美的会计制度，推行现代会计，这是我国会计史上发生的第一次变革。新中国成立后，我国引进苏联的会计模式，这是我国会计史上发生的第二次变革。1993年《企业会计准则》的实施，突破了我国原有的会计模式，初步建立起反映社会主义市场经济的会计规范体系，这是我国会计史上发生的第三次变革，表明我国会计体系逐步向国际会计惯例靠拢。2006年39个新准则的颁布与实施，这是我国会计史上发生的第四次变革，表明我国的会计体系与国际惯例完全接轨。2010年，财政部发布了《中国企业会计准则与国际财务报告准则持续趋同路线图》，为进一步深化会计改革、推动我国企业会计准则建设及其持续国际趋同做出了重要规划和部署，其意义重大、影响深远。

扫一扫

西方会计的产生与发展

二、认识会计及其职能

（一）会计的概念

会计是以货币为主要计量单位，以凭证为依据，采用一系列专门的会计方法，对各单位的资金运动进行全面、综合、连续、系统的核算和监督，并在此基础上对经济活动进行分析、考核和检查，同时向有关方面提供会计信息，参与经营管理，以提高经济效益的一项管理活动。其特征主要体现在以下几个方面。

1．会计以货币为主要计量单位

会计从数量上记录企业的经济活动，可采用货币量度、实物量度、劳动量度3种计量尺度。但是，在市场经济发达的条件下，为了有效地进行管理，会计应以货币为主要计量单位，从数量上综合反映各单位的经济活动情况，为经济管理提供可靠的会计信息。

2. 会计拥有一系列专门方法

会计为了核算和监督经济活动，发挥其作用，在其长期的发展过程中形成了设置会计科目、复式记账、填制和审核会计凭证、登记账簿、成本计算、财产清查和编制账务报告等一系列的会计核算方法。

3. 对经济活动进行全面、连续、系统和综合的核算和监督

全面是对各种经济活动都要能反映其来龙去脉；连续是指按经济活动发生时间的顺序依次进行登记；系统是指对经济活动相互联系地反映，又要进行科学的分类、加工、整理和汇总；综合是指将各种经济活动、财务收支的数据汇总为信息资料。

4. 会计的本质就是管理活动

会计产生于人们管理社会和经济事务的过程。随着社会经济的发展，会计不仅为管理提供各种数据资料，还通过各种方式直接进行管理，如参与经济管理、进行经营决策、评价经营、预测经济前景等。因此，从本质属性看，会计本身就是一种管理活动；从职能属性看，核算和监督本身也是一种管理活动。

（二）会计的职能

会计在经济管理工作中所具有的功能包括核算、预测、参与决策、实行监督等。其中，会计的基本职能是进行核算，实行监督。

1. 核算职能

会计核算是会计的首要职能。会计核算职能，即以货币为主要计量单位，对各种单位经济业务活动或预算执行情况及其结果进行连续、系统、全面的记录和计量，并据以编制会计报表。会计核算职能具有以下几个特点：

（1）会计核算主要是从价值量上反映各经济主体的经济活动状况。会计核算是对各单位的一切经济业务，以货币计量为主，进行记录、计算，以保证会计记录和反映的完整性。

（2）会计核算具有连续性、系统性和完整性。各单位必须对所发生的所有经济业务，即涉及资金运动或资金增减变化的事项，采用系统的核算方法体系，按时间顺序，无一遗漏地进行记录。

（3）会计核算应对各单位经济活动的全过程进行反映。随着商品经济的发展，市场竞争日趋激烈，会计在对已经发生的经济活动进行事中、事后的记录、核算、分析，反映经济活动的现实状况及历史状况的同时，发展到事前核算、分析和预测经济前景。

2. 监督职能

会计监督职能是指会计具有按照一定的目的和要求，利用会计反映职能所提供的经济信息，对企业和行政事业单位的经济活动进行控制，使之达到预期目标的功能。会计的监督职能具有以下几个特点：

（1）会计主要通过价值量指标来进行监督工作。由于基层单位进行的经济活动，同时都伴随着价值运动，表现为价值量的增减和价值形态的转化，因此，会计通过价值指标可以全面、及时、有效地控制各个单位的经济活动。

（2）会计监督包括事前、事中和事后全过程的监督。会计监督的依据有合法性和合理性两种。合法性的依据是国家的各项法令及法规，合理性的依据是经济活动的客观规律及企业自身在经营管理方面的要求。

会计核算与会计监督是相互作用、相辅相成的。核算是监督的基础，没有核算，监督就无从谈起；监督则是会计核算质量的保证。

你知道吗　会计之最

- 中国有关会计事项记载的文字，最早出现于商朝的甲骨文。
- 中国"会计"称号的命名，会计的职称均起源于西周。中国会计机构最早设立于西周，设司会之职主管会计，为计官之长。
- 中国最早对会计进行论述与评价的著名人物是孔子，他曾主管仓库，提出"会计当而已矣"的名言。
- 中国最早的会计专著为唐朝的《元和国计簿》，由史官李吉甫撰写，元和二年（公元807年）十二月面世，共十卷。
- 我国第一位会计师是谢霖，他于1918年9月取得北洋政府农商部核发的第一号会计师证书。中国第一位女会计师是张蕙生，她1930年取得会计师执照。
- 我国第一本全国性会计月刊是1951年创刊的《新会计》。

三、会计核算的前提条件

在会计核算过程中，由于会计主体进行经济活动的环境具有复杂性和不确定性，就需要对会计核算范围、核算内容、基本程序和基本方法等做出一些必要的假定，即会计核算的基本前提。由于这些限定都是合理推断或人为的规定做出的，因而也称会计假设。

（一）会计主体

会计主体又称会计实体、会计个体，是指会计人员所核算和监督的特定单位或组织，是会计核算和监督的空间范围。作为会计主体，必须具备三个条件：一是具有一定数量的经济来源，二是进行独立的生产经营活动或其他活动，三是实现独立核算并提供反映本主体经营活动情况的会计报表。

> **你知道吗** 会计主体与法律主体
>
> 会计主体的范畴大于法律主体。法律主体是指具有法人资格的单位，因而所有的法律主体都是一个会计主体；而会计主体不一定都是法律主体，如合伙企业不是独立的法律主体，但它们独立经营、自负盈亏，向外报送财务会计报告，因而，合伙企业是会计主体。

（二）持续经营

持续经营是指在可以预见的将来，企业将会按当前的规模和状态继续经营下去，不会停业，也不会大规模削减业务。持续经营假设规定了会计核算的时间范围。

持续经营假设旨在解决资产计价和收益确认问题，保持会计信息处理的一致性和稳定性。只有在持续经营假设的基础上，才使正确区分资本和负债成为必要，才有必要和可能进行会计分期，并为采用权责发生制奠定了基础。

（三）会计分期

会计分期是指将企业持续的生产经营活动划分为若干相等的期间。这一基本前提的主要意义在于，界定会计信息的时间段落，为分期结算账目、编制财务会计报告奠定了理论与实务的基础。

由于有了会计期间，才产生了"本期""前期"和"后期"的概念，才有了收付实现制与权责发生制的区别。由于有了会计期间，才能按期编制报表，准确地反映会计主体在不同会计期间的财务状况和经营成果，并及时向管理决策层提供所需要的信息。

> **你知道吗** 会计年度
>
> 会计年度可以与公历年度相同，也可以按照各国会计核算的不同要求以其他月份作为会计年度的起始，如"三月制""六月制""九月制"等。
>
> 公历制：即每年1月1日起至本年12月31日，如中国、德国、匈牙利、波兰、瑞士、朝鲜等国；
>
> 四月制：即每年4月1日起至次年3月31日，如英国、加拿大、印度、日本、新加坡等国；
>
> 七月制：即每年7月1日起至次年6月30日，如瑞典、澳大利亚等国；
>
> 十月制：即每年10月1日起至次年9月30日，如美国、缅甸、泰国、斯里兰卡等国。

（四）货币计量

货币计量是指会计主体在会计确认、计量和报告时采用货币作为统一的计量单位，反映会计主体的经济活动。

它明确了会计核算的计量尺度和计量条件。货币计量具体体现在以货币作为计量单位；以特定的货币作为记账本位币；货币本身的价值是稳定的或相对稳定的。

> **你知道吗** 记账本位币
>
> 记账本位币，是指会计在确认、计量、记录和报告中统一使用的记账货币，它为会计工作明确了一个统一的计量和报告标准。《企业会计制度》规定，会计核算以人民币作为记账本位币。业务收支以外币为主的企业，也可以选择某种外币作为记账本位币，但编制的财务会计报告应当折算为人民币反映。在境外设立的中国企业向国内报送的会计报告，应当折算为人民币。

上述会计核算的4项基本前提，具有相互依存、相互补充的关系。会计主体确立了会计核算的空间范围，持续经营与会计分期确立了会计核算的时间长度，而货币计量则为会计核算提供了必要手段。没有会计主体，就不会有持续经营；没有持续经营，就不会有会计分期；没有货币计量，就不会有现代会计。

四、会计核算的基本方法

会计核算方法是用来反映和监督会计对象的，由于会计对象的多样性和复杂性，就决定了用来对其进行反映和监督的会计核算方法不能采取单一的方法形式，而应该采用方法体系的模式，因此，会计核算方法由设置账户、复式记账、填制和审核凭证、登记账簿、成本计算、财产清查和编制会计报表等具体方法构成。这七种方法构成了一个完整的、科学的方法体系。

（一）设置账户

设置账户是对会计核算的具体内容进行分类核算和监督的一种专门方法。由于会计对象的具体内容是复杂多样的，要对其进行系统的核算和经常性监督，就必须对经济业务进行科学的分类，以便分门别类地、连续地记录，据以取得多种不同性质、符合经营管理所需要的信息和指标。

（二）复式记账

复式记账是指对所发生的每项经济业务，以相等的金额，同时在两个或两个以上相互联系的账户中进行登记的一种记账方法。复式记账是一种科学的记账方法，它从资金运动的总体出发，全面反映经济业务引起的资金变化。它能反映账户间的对应关系和平衡关系，通过对应关系，可以反映资金的来龙去脉；通过平衡关系，可以检查账务处理有无差错。

（三）填制和审核凭证

会计凭证是记录经济业务，明确经济责任，作为记账依据的书面证明，也是登记账簿的依据。正确填制和审核会计凭证，是核算和监督经济活动财务收支的基础，是做好会计工作的前提，是保证会计记录完整、真实和可靠而采用的一种专门方法。

（四）登记账簿

登记会计账簿简称记账，是以审核无误的会计凭证为依据在账簿中分类、连续地、完整地记录各项经济业务，以便为经济管理提供完整、系统的会计核算资料。账簿记录是重要的会计资料，是进行会计分析、会计检查的重要依据。

（五）成本计算

成本计算是按照一定对象归集和分配生产经营过程中发生的各种费用，以便确定各核算对象的总成本和单位成本的一种专门方法。产品成本是综合反映企业生产经营活动的一项重要指标。正确地进行成本计算，可以考核生产经营过程的费用支出水平，同时又是确定企业盈亏和制定产品价格的基础，并为企业进行经营决策提供重要数据。

（六）财产清查

财产清查是指通过盘点实物和核对账目，以查明各项财产物资实有数额的一种专门方法。通过财产清查，可以提高会计记录的正确性，保证账实相符。同时，还可以查明各项财产物资的保管和使用情况以及各种结算款项的执行情况，以便对积压或损毁的物资和逾期未收到的款项及时采取措施进行清理和加强对财产物资的管理。

（七）编制会计报表

编制会计报表是以特定表格的形式，定期并总括地反映企业、行政事业单位的经济活动情况和结果的一种专门方法。会计报表主要以账簿中的记录为依据，经过一定形式的加工整理而产生一套完整的核算指标，用来考核、分析财务计划和预算执行情况，并作为编制下期财务计划和预算的重要依据。一般在经济业务发生后，按规定的手续填制和审核凭证，并应用复式记账法在有关账簿中进行登记，期末要对生产经营过程中发生的费用进行成本计算和财产清查，在账证、账账、账实相符的基础上，根据账簿记录编制会计报表。

上述会计核算的专门方法是相互联系，密切配合的，它们构成了一个完整的方法体系

（图1-1），现代会计只有综合运用这七种方法才能顺利进行。在实际会计业务处理过程中，复式记账是处理经济业务的基本方法，设置账户和填制凭证是会计工作的开始，登记账簿是会计工作的中间过程，成本计算和财产清查诸方法是保证会计信息准确、正确的科学手段，而编制会计报表是一个会计期间工作的终结。

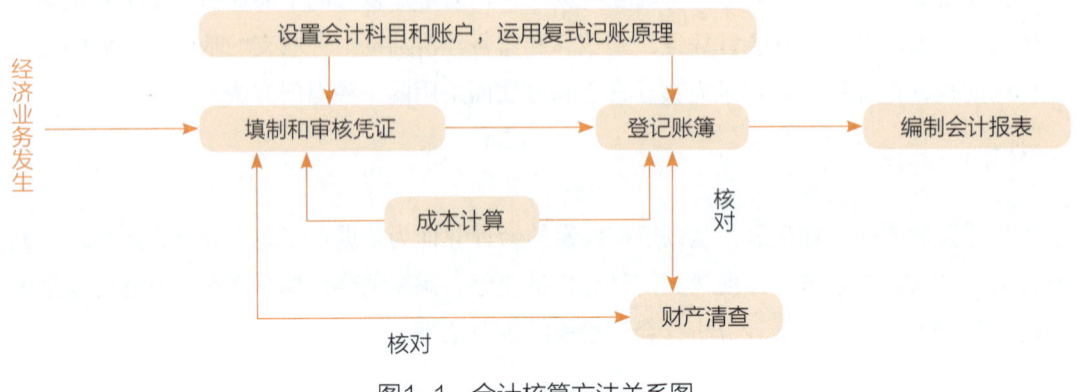

图1-1　会计核算方法关系图

任务2　会计家族的"六个宝贝"

一、会计对象

会计对象是指会计所核算和监督的内容，即会计的客体。由于会计需要以货币为主要计量单位，对一定会计主体的经济活动进行核算和监督，因而会计并不能核算和监督社会再生产过程中的所有经济活动，即凡是特定主体能够以货币表现的经济活动，都是会计核算和监督的内容，即会计对象。

换言之，会计对象就是用货币表现的经济活动。以货币表现的经济活动，通常又称为价值运动或资金运动。资金运动包括各特定对象的资金投入、资金运用（即资金的循环与周转）、资金退出等过程，虽同样是企业，但制造业、商业、建筑业和金融业等均有各自的资金运动特点。下面以商品流通企业为例，介绍资金运动所经历的阶段。

商品流通企业是从事商品流通的经营者，企业通过购销活动，组织商品流通，满足市场需要。与工业企业相比，商品流通企业的经营活动缺少产品生产环节，其经营过程主要分为商品购进和商品销售两个环节。在购进过程中，随着商品采购，货币资金转换为商品资金；在销售过程中，主要是销售商品，此时资金又由商品资金转换为货币资金。在商业企业经营过程中，也要消耗一定的人力、物力和财力，它们表现为商品流通费用。在销售过程中，也会获得销售收入和实现经营成果。因此，商品流通企业的资金运动方式（图1-2）是沿着货币资金—商品资金—货币资金形式连续不断地循环和周转。

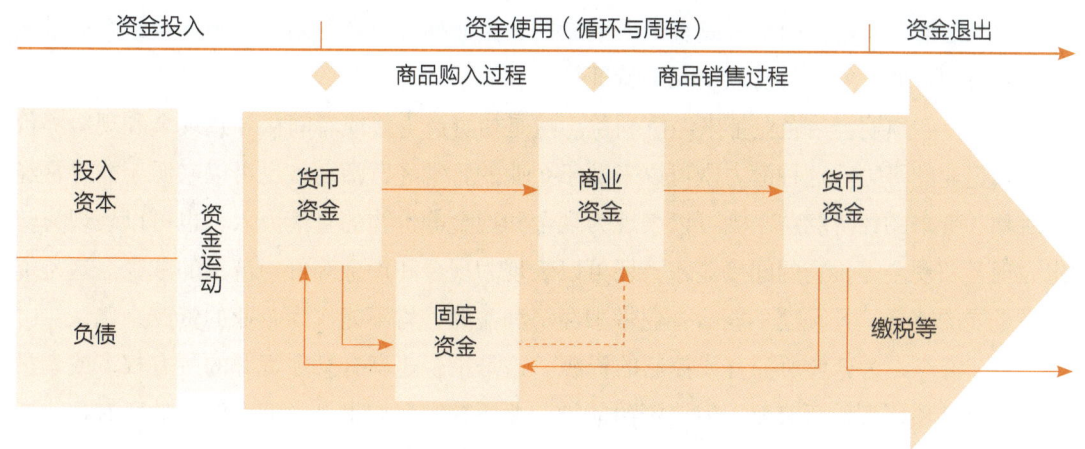

图1-2　商品流通企业生产经营过程及资金运动

二、会计要素

在会计家族里有"六个宝贝"，分别是资产、负债、所有者权益、收入、费用、利润，我们通常称为会计六要素，简称会计要素。会计要素是与会计对象紧密相关的一个概念。凡是特定主体能够以货币表现的经济活动，就是会计对象。为了分门别类地、正确地核算和监督各种会计对象，必须对其进行适当的分类，以便于确认、计量、记录和报告全部经济业务。会计要素就是对会计对象按经济特征所做的基本分类，是会计对象的具体化。会计要素的分类如图1-3所示。

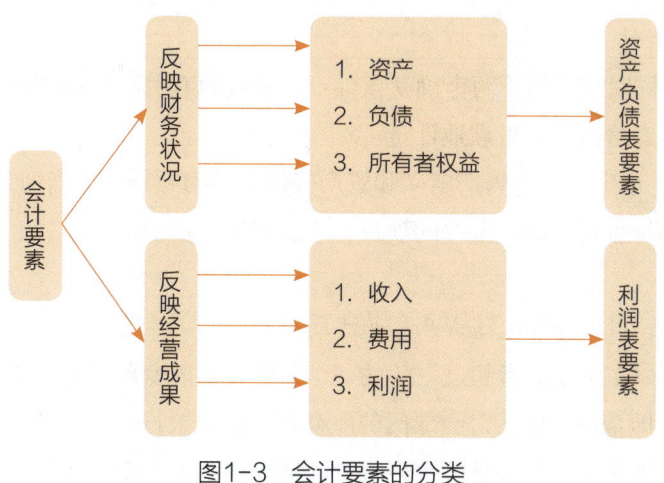

图1-3　会计要素的分类

项目一　踏上会计旅途

(一) 资产

1. 资产的定义

资产是指企业过去的交易或者事项形成的、企业拥有或者控制的、预期会给企业带来经济利益的资源。资产具有以下几个特征：

（1）资产预期会给企业带来经济利益。这是指资产直接或者间接导致现金和现金等价物流入企业的潜力。这种潜力既可以来源于企业的日常经营活动，也可以来源于非日常经营活动。带来的经济利益，既可以表现为现金和现金等价物的直接流入，也可以表现为转化为现金和现金等价物的间接流入，还可以表现为现金和现金等价物流出的减少。这是资产最重要的特征，凡预期不能给企业带来经济利益的，均不能作为企业的资产来确认。

（2）资产是为企业所拥有或控制的资源。这是指企业享有某项资源的所有权，或者虽然不享有某项资源的所有权，但该资源能被企业所控制。如果企业拥有资产的所有权，通常表明企业拥有从资产中获取预期经济利益的权利。有些情况下，虽然企业不享有一些资源的所有权，但能实际控制这些资源，同样也能够从这些资源中获取经济利益，根据实质重于形式的原则，这部分经济资源也应作为企业的资产来核算。

（3）资产是由企业过去的交易、事项所形成的。企业过去的交易或者事项包括购买、生产、企业的建造行为或者其他交易或事项，预期在未来发生的交易或者事项不形成资产。如，企业欲购买一台设备，只是签订了购买合同，但这笔交易还未发生，就不符合资产的定义，该设备不能确认为企业的资产。

? 想一想

2017年1月，木子公司与A公司签订了购买办公设备的合同，价值10万元，但实际购买行为发生在3月。请问木子公司能否在1月将该台办公设备确认为资产？为什么？

2. 资产的确认条件

作为资产，必须同时满足以下两个确认条件：与该资源有关的经济利益很可能流入企业；该资源的成本或者价值能够可靠地计量。

《企业会计准则》规定，符合资产定义和资产确认条件的项目，应当列入资产负债表；符合资产定义，但不符合资产确认条件的项目，不能列入资产负债表。

3. 资产的分类

资产按其流动性，可以分为流动资产和非流动资产。

流动资产是指可以在一年或者超过一年的一个营业周期内变现或者耗用的资产。主要包括：①库存现金，即企业存放在财会部门的库存现金；②银行存款，即企业存放在银行或其他金融机构的各种存款；③交易性金融资产，即企业为了近期内出售而持有的、以赚取差价为目的所购的有活跃市场报价的股票、债券、基金投资等；④应收及预付款，包括应收票据、应收账款、预付账款、应收股利、应收利息、其他应收款等；⑤存货，即企业在生产经营过程中为销售或者耗用而储存的各种资产，包括库存商品、半成品、在产品，以及各类原材料、周转材料等。

非流动资产，是指不能在一年或者超过一年的一个营业周期内变现或者耗用的资产。主要包括：①持有至到期投资，即到期日固定、回收金额固定或可确定，且企业有明确意图和能力持有至到期的非衍生金融资产；②可供出售金融资产，即初始确认时即被指定为可供出售的非衍生金融资产，以及除以公允价值计量且其变动计入当期损益的金融资产、持有至到期投资、贷款和应收款项以外的金融资产；③投资性房地产，即为赚取租金或资本增值，或两者兼有而持有的房地产；④固定资产，即为生产商品、提供劳务、出租或经营管理而持有的，使用寿命超过一个会计期间的有形资产，包括房屋及建筑物、机器设备、运输设备、工具器具等；⑤无形资产，即企业拥有或者控制的，没有实物形态的可辨认非货币性资产，包括专利权、非专利技术、商标权、著作权、土地使用权等。

（二）负债

1. 负债的定义

负债是指企业过去的交易或者事项形成的、预期会导致经济利益流出企业的现时义务。负债具有以下几个特征：

（1）负债是企业承担的现时义务。现时义务是指企业在现行条件下已承担的义务，未来发生的交易或者事项形成的义务不属于现时义务，不应当确认为负债。

（2）负债的清偿会导致经济利益流出企业。负债是企业所承担的现时义务，履行义务时必然会引起企业经济利益的流出。否则，就不能作为企业的负债来处理。

（3）负债是由过去的交易或者事项所形成的。过去的交易或者事项包括购买商品、使用劳务、接受贷款等，预期在未来发生的交易或者事项不形成负债。

? 想一想

2017年年末，木子公司有关情况如下：

（1）3月，从银行取得一年期借款50万元，借款尚未到期，尚未偿还；

（2）5月，从明发公司购入商品一批，价款20万，货款尚未支付；

（3）11月，应向职工发放工资18万元，尚未发放；

（4）12月，木子公司计划向银行借款80万元。

请问上述情况哪些属于木子公司的负债？哪些不属于？为什么？

2. 负债的确认条件

确认负债要同时满足以下两个条件：与该义务有关的经济利益很可能流出企业；未来流出的经济利益的金额能够可靠地计量。

《企业会计准则》规定，符合负债定义和负债确认条件的项目，应当列入资产负债表；符合负债定义，但不符合负债确认条件的项目，不应当列入资产负债表。

3. 负债的分类

按偿还期限的长短，一般将负债分为流动负债和非流动负债两大类。

流动负债是指在一年或超过一年的一个营业周期内偿还的债务，包括短期借款、应付票据、应付账款、预收账款、应付职工薪酬、应交税费、应付利息、应付股利、其他应付款等。

非流动负债也称长期负债，是指偿还期在一年或超过一年的一个营业周期以上的债务，包括长期借款、应付债券、长期应付款等。

（三）所有者权益

1. 所有者权益的定义

所有者权益是指企业资产扣除负债后由所有者享有的剩余权益。公司的所有者权益又称为股东权益。所有者权益的来源包括所有者投入的资本、直接计入所有者权益的利得和损失、留存收益等。

所有者投入的资本既包括所有者投入的、构成注册资本或股本部分的金额，也包括所有者投入的、超过注册资本或股本部分的资本溢价或股本溢价。直接计入所有者权益的利得和损失是指不应计入当期损益、会导致所有者权益发生增减变动的、与所有者投入资本或者向所有者分配利润无关的利得或者损失。其中，利得是指由企业非日常活动所形成的、会导致所有者权益增加的、与所有者投入资本无关的经济利益的流入；损失是指由企业非日常活动所发生的、会导致所有者权益减少的、与向所有者分配利润无关的经济利益的流出。留存收益是指企业历年实现的净利润中留存于企业的部分，主要包括盈余公积和未分配利润。

2. 所有者权益的确认条件

所有者权益的确认依赖于其他会计要素，尤其是资产和负债要素的确认，所有者权益的金额也主要取决于资产和负债的计量。

《企业会计准则》规定，所有者权益项目应当列入资产负债表。

3. 所有者权益的分类

所有者权益按其构成的内容，可以分为实收资本、资本公积、盈余公积和未分配利润四个项目。其中，实收资本（股本）是指所有者投入的，构成注册资本或股本的部分；资本公积是指投资人投入的资本溢价或股本溢价，直接计入所有者权益的利得和损失；盈余公积是按国家有关规定从税后利润中提取的公积金等；未分配利润是企业留与以后年度分配的利润或待分配利润。

（四）收入

1. 收入的定义

收入是指企业在日常活动中形成的、会导致所有者权益增加的、与所有者投入资本无关的经济利益的总流入。收入具有以下几个方面的特征：

（1）收入由企业日常活动所形成。日常活动是指企业为完成其经营目标所从事的经常性的活动以及与之相关的活动，如工业企业制造并销售产品，商业企业销售商品等。

（2）收入会导致经济利益的流入。收入使企业资产增加或者负债减少，但这种经济利益的流入不包括由于所有者投入资本的增加所引起的经济利益流入。

（3）收入最终导致所有者权益增加。因收入所引起的经济利益流入，使得企业资产的增加或者负债的减少，最终会导致所有者权益增加。

想一想

下列收到的各项款项中，哪些属于收入？
（1）出租固定资产收到的租金
（2）销售商品收取的增值税
（3）出售包装物收到的价款

2. 收入的确认条件

确认收入要同时满足以下三个条件：与收入相关的经济利益很可能流入企业；经济利益流入企业的结果会导致企业资产增加或者负债减少；经济利益的流入额能够可靠计量。《企业会计准则》规定，符合收入定义和收入确认条件的项目，应当列入利润表。

3. 收入的分类

收入按其取得的来源可以分为主营业务收入和其他业务收入两大类。主营业务收入又称基本业务收入，是指企业在主要的生产经营业务中产生的收入，如商业企业在销售商品的过程中所取得的收入；其他业务收入是指企业在主营业务以外的生产经营活动中产生的收入，如技术转让收入、固定资产的出租收入等。

（五）费用

1. 费用的定义

费用是指企业在日常活动中发生的、会导致所有者权益减少的、与向所有者分配利润无关的经济利益的总流出。费用具有以下几个方面的特征：

（1）费用是企业日常活动中所发生的。日常活动中所发生的费用包括销售成本、职工薪酬、折旧费用等。

（2）费用会导致经济利益的流出。费用使企业资产减少或者负债增加，但这种经济利益的流出不包括向所有者分配利润引起的经济利益流出。

（3）费用最终导致所有者权益减少。因为费用所引起的经济利益流出使得企业资产减少或者负债增加，最终会导致所有者权益减少。

2. 费用的确认条件

确认费用必须同时满足以下三个条件：与费用相关的经济利益很可能流出企业；经济利益流出企业的结果会导致企业资产减少或者负债增加；经济利益的流出额能够可靠计量。

《企业会计准则》规定，符合费用定义和费用确认条件的项目，应当列入利润表。在确认费用时应当注意以下几种情况的处理：一是企业为销售产品、提供劳务等发生的可归属于产品成本、劳务成本等的费用，应当在确认产品销售收入、劳务收入等时，将已销售产品、已提供劳务的成本等计入当期损益；二是企业发生的支出不产生经济利益的，或者即使能够产生经济利益但不符合或者不再符合资产确认条件的，应当在发生时确认为费用，计入当期损益；三是企业发生的交易或者事项导致其承担了一项负债而又不确认为一项资产的，应当在发生时确认为费用，计入当期损益。

3. 费用的分类

费用可分为营业支出、期间费用和资产减值损失三大类。

营业支出包括营业成本和营业税金及附加，其中营业成本是指已销售商品、已提供劳务等经营活动发生的生产（劳务）成本，包括直接费用和间接费用。直接费用是指为生产商品和提供劳务等发生的直接人工、直接材料、商品进价和其他直接费用。直接费用与营业收入有明确的因果关系，应直接计入生产经营成本，与营业收入进行配比。间接费用是指为生产商品、提供劳务而发生的共同性费用，这些费用同提供的商品与劳务也具有一定的因果关系，但需要采用一定的标准分配计入生产经营成本，并与营业收入相配比。

期间费用包括企业行政管理部门为组织和管理生产经营活动而发生的管理费用，为筹集资金等而发生的财务费用，为销售商品和提供劳务而发生的销售费用和为组织商品流通而发生的进货费用。由于期间费用与会计期间直接相联，则期间费用与其发生期的收入相配比，在当期的利润中应全额予以抵减。

资产减值损失是指资产已发生的不能带来经济利益的减值损失。

? 想一想

企业生产产品消耗的人工费和材料费是否属于费用，是否应当计入当期损益？

（六）利润

1. 利润的定义

利润是指企业在一定会计期间的经营成果，包括收入减去费用后的净额、直接计入当期利润的利得和损失等。收入减去费用后的净额，反映了企业日常经营活动的业绩；直接计入当期利润的利得和损失，是指应当计入当期损益、会导致所有者权益发生增减变动的、与所有者投入资本或者向所有者分配利润无关的利得或者损失。

2. 利润的确认条件

利润的确认主要依赖于收入、费用、利得和损失的确认，利润金额取决于收入和费用、直接计入当期利润的利得和损失金额的计量。

《企业会计准则》规定，利润项目应当列入利润表。

3. 利润的分类

利润通常包括营业利润、利润总额和净利润三个项目。

营业利润是指营业收入减去营业成本、营业税金及附加、期间费用和资产减值损失，加上公允价值变动收益（减损失）和投资收益（减损失）后的余额；利润总额是指营业利润加营业外收支差额后的余额；净利润是利润总额减去所得税费用后的差额。

以上六大要素中，资产、负债及所有者权益能够反映企业在某一个时点的财务状况，属于静态要素；收入、费用及利润能够反映企业在某一个期间的经营成果，属于动态要素。

> **想一想**
>
> 程浩毕业后创业开公司，他从银行借了10万元，购买了一批商品花了8万元，2万元当流动资金。第一个月，卖出去5万元的货物，货物成本2.8万元，房费、水电、人工1.6万元。从上述资料中，我们可以得知公司的资产、负债、所有者权益、收入、费用、利润各是多少呢？

三、会计等式

会计等式又称会计方程式，是表明企业会计诸要素之间相互关系的代数方程表达式。它反映了会计基本要素之间的数量关系，它是复式记账、试算平衡、编制资产负债表的理论依据。

（一）基本会计等式

1. 资产、负债、所有者权益之间的恒等关系——静态平衡

任何一个会计主体为了进行生产经营活动，都需要拥有一定数量的经济资源，这些经

济资源在会计上称为"资产"。这些资产都有一定的来源——投资人或债权人,所有投资人和债权人对企业资产都有要求权,这种要求权在会计上称为"权益"。资产表明企业拥有什么经济资源和多少经济资源,而权益则表明谁提供了这些资源,谁对这些经济资源具有要求权。

资产和权益是同一事物(经济资源)的两个侧面,有一定量的资产,就必定有其相应的资金来源;反之,有一定的资金来源,也必然表现为等量的资产,即资产和权益相互依存,金额相等。这种客观存在的、必然相等的关系,称为会计等式。用公式表示为:

$$资产＝权益 \tag{1}$$

这里所说的权益包括两部分:一是债权人权益,即企业的债权人对企业资产的求偿权益,也称之为企业的负债;二是所有者权益,即企业投资人对企业净资产的享有权。因此,会计等式可进一步扩展为:

$$资产＝负债＋所有者权益 \tag{2}$$

该等式反映了资产、负债、所有者权益3个会计要素之间的内在联系,是在等式(1)的基础上进一步阐明了企业资产来源于债权人和所有者的投入,且数量上是相等的。

2. 收入、费用、利润之间的恒等关系——动态平衡

企业的资产投入营运后,随着企业经济活动的进行,企业一方面会取得收入;另一方面,企业会发生各种各样的费用。收入大于费用的差额称为利润;反之,差额为亏损。用公式表示为:

$$收入－费用＝利润 \tag{3}$$

该等式反映了企业在一定期间内经营成果的形成过程,并且利润最终也表现为净资产的一部分。

你知道吗 扩展会计等式

企业通过生产经营取得利润是其最终目的,也是投资人对企业进行投资的基本目的。在会计核算中,企业缴纳所得税后的利润称为净利润,也称净收益。企业的净收益归投资人所有,是投资的回报、资本的增值,因此是所有者权益的组成内容。由此可见,"资产＝负债＋所有者权益"和"收入－费用＝利润"这两个会计等式有着密切的联系,这种联系可以用公式表示如下:

新资产＝负债＋新的所有者权益

新的所有者权益＝旧的所有者权益＋利润＝旧的所有者权益＋收入－费用

即:资产＝负债＋所有者权益＋收入－费用

（二）会计等式与经济业务的关系

经济业务，又称会计事项，是指在经济活动中使会计要素发生增减变动的交易或者事项。企业所发生的经济业务是多种多样的，但从对会计的等式影响来讲，不外乎以下四种类型、九种情况。

1．资产与权益同时增加
（1）资产与负债同时增加
（2）资产与所有者权益同时增加

2．资产与权益同时减少
（3）资产与负债同时减少
（4）资产与所有者权益同时减少

3．资产有增有减，权益不变
（5）一项资产增加，另一项资产减少

4．资产不变，权益有增有减
（6）一项负债增加，另一项负债减少
（7）一项所有者权益增加，另一项所有者权益减少
（8）一项负债增加，一项所有者权益减少
（9）一项所有者权益增加，一项负债减少

情景案例

2017年6月初，铭轩公司拥有资产150 000元，负债100 000元，所有者权益50 000元。本月发生如下经济业务：

1．购入一批原材料，价值10 000元，货款尚未支付（暂不考虑增值税）。
2．收到投资者投入的设备一台，价值10 000元。
3．用银行存款偿还前欠木子公司的货款5 000元。
4．因特殊原因，经批准，用银行存款50 000元归还某投资人的投资。
5．从银行提取现金3 000元备用。
6．从银行取得1年期借款6 000元，直接偿还前欠某单位的货款。
7．经批准，将盈余公积50 000元转增资本。
8．宣布向投资者分配现金股利5 000元。
9．某投资人代公司偿还到期的短期借款20 000元，经协商同意作为对公司的追加投资。

工作分析

1．这项经济业务发生后，公司的一项资产（原材料）增加了10 000元，一项负债（应付账款）增加了10 000元，即会计等式左右两边资产和负债同时等额增加，其平衡关系保

持不变。属于上述第（1）种情况。

2. 这项经济业务发生后，公司的一项资产（固定资产）增加了10 000元，一项所有者权益（实收资本）增加了10 000元，即会计等式左右两边资产和所有者权益同时等额增加，其平衡关系保持不变。属于上述第（2）种情况。

3. 这项经济业务发生后，公司的一项资产（银行存款）减少了5 000元，一项负债（应付账款）减少了5 000元，即会计等式左右两边资产和负债同时等额减少，其平衡关系保持不变。属于上述第（3）种情况。

4. 这项经济业务发生后，公司的一项资产（银行存款）减少了50 000元，一项所有者权益（实收资本）减少了50 000元，即会计等式左右两边资产和所有者权益同时等额减少，其平衡关系保持不变。属于上述第（4）种情况。

5. 这项经济业务发生后，公司的一项资产（库存现金）增加了3 000元，另一项资产（银行存款）减少了3 000元，即会计等式左边资产要素内部一增一减，增减金额相等，其平衡关系保持不变。属于上述第（5）种情况。

6. 这项经济业务发生后，公司的一项负债（短期借款）增加了6 000元，另一项负债（应付账款）减少了6 000元，即会计等式右边负债要素内部一增一减，增减金额相等，其平衡关系保持不变。属于上述第（6）种情况。

7. 这项经济业务发生后，公司的一项所有者权益（实收资本）增加了50 000元，另一项所有者权益（盈余公积）减少了50 000元，即会计等式右边所有者权益要素内部一增一减，增减金额相等，其平衡关系保持不变。属于上述第（7）种情况。

8. 这项经济业务发生后，公司的一项负债（应付股利）增加了5 000元，一项所有者权益（利润分配）减少了5 000元，即会计等式右边一项负债增加而一项所有者权益等额减少，其平衡关系保持不变。属于上述第（8）种情况。

9. 这项经济业务发生后，公司的一项负债（短期借款）减少了20 000元，一项所有者权益（实收资本）增加了20 000元，即会计等式右边一项负债减少而一项所有者权益等额增加，其平衡关系保持不变。属于上述第（9）种情况。

▶ 工作成果

资产、负债和所有者权益增减变动表

	资产	权益		结果
		负债	所有者权益	
月初余额	150 000	100 000	50 000	月初平衡
1	+10 000	+10 000		总金额160 000，等式平衡
2	+10 000		+10 000	总金额170 000，等式平衡

续表

序号	资产	权益		结果
		负债	所有者权益	
3	−5 000	−5 000		总金额165 000，等式平衡
4	−50 000		−50 000	总金额115 000，等式平衡
5	+3 000 −3 000			总金额115 000，等式平衡
6		+6 000 −6 000		总金额115 000，等式平衡
7			+50 000 −50 000	总金额115 000，等式平衡
8		+5 000	−5 000	总金额115 000，等式平衡
9		−20 000	+20 000	总金额115 000，等式平衡
月末余额	115 000	90 000	25 000	月末平衡

由此可见，每一项经济业务的发生，都必然引起会计等式一边或两边有关项目相互联系地发生等量变化。当涉及会计等式一边时，有关项目的金额发生相反方向的等额变化；当涉及会计等式两边时，有关项目的金额发生相同方向的等额变化。上述九种基本业务类型归纳汇总如表1-1所示。

表1-1　　　　　　　　　九种基本业务类型归纳汇总表

序号	业务类型				
	资产	=	负债	+	所有者权益
1	此增彼减				
2	增加		增加		
3	增加				增加
4	减少		减少		
5	减少				减少
6			增加		减少
7			减少		增加
8			此增彼减		
9					此增彼减

任务3 会计通行证

一、会计科目

会计科目是进行会计记录和提供会计信息的基础,设置会计科目是复式记账中编制、整理会计凭证和设置账簿的基础,并能提供全面、统一的会计信息,便于投资人、债权人以及其他会计信息使用者掌握和分析企业的财务状况、经营成果和现金流量。

(一)会计科目的概念

会计科目是指对会计要素的具体内容进行分类核算的项目。通俗一点,会计的六大要素再往下细分就是会计科目了,如果把六个要素比作是各个职能部门的话,那么会计科目就是各个部门里分工不同的职员。我们可以把会计大家庭的每个要素成员的内容按照不同的表现形式分成不同的类别,每一类别起一个名字,这个名字就是会计科目,如资产这个要素成员就有"库存现金""银行存款"等科目。每一个科目都反映一个特定的经济业务,互相不重复。

> **你知道吗 会计对象、会计要素、会计科目三者关系**
>
> 会计对象、会计要素、会计科目三者的关系极为密切。会计对象抽象概括为企业的资金运动;会计要素则是会计对象的基本内容,也就是对会计对象的基本分类;会计科目又是对会计要素所做的进一步分类。三者之间的关系见图1-4。

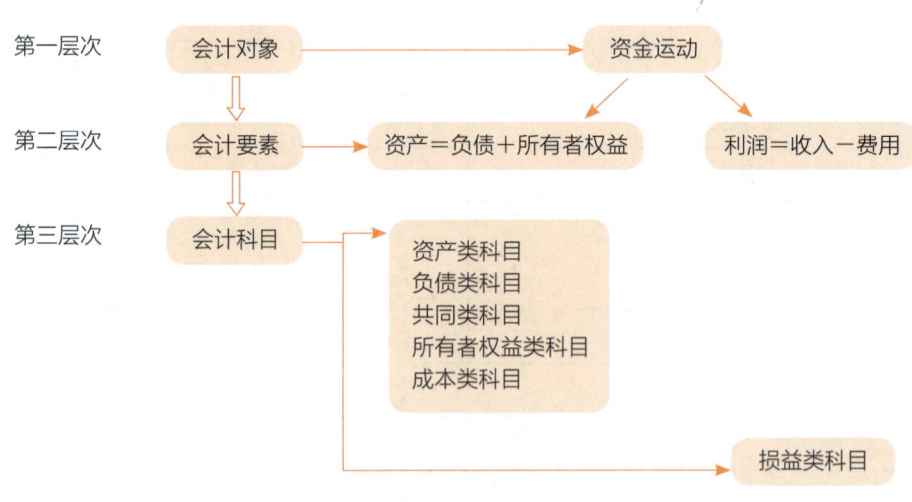

图1-4 会计对象、会计要素、会计科目的关系

（二）会计科目的分类

会计科目反映的经济内容名目繁多，为了便于掌握和运用会计科目，确保会计核算工作正常有序地进行，应将会计科目按照一定的标准进行科学的分类。

1. 按反映的经济内容分类

会计科目按其反映的经济内容不同，可分为资产类科目、负债类科目、共同类科目、所有者权益类科目、成本类科目和损益类科目六大类。每一大类会计科目可按一定的标准再分为若干具体科目（表1-2）。

表1-2　　　　　　　　　会计科目名称一览表

序号	编号	名称	序号	编号	名称	序号	编号	名称
		一、资产类	21	1471	存货跌价准备	42	1901	待处理财产损溢
1	1001	库存现金	22	1501	持有至到期投资			二、负债类
2	1002	银行存款	23	1502	持有至到期投资减值准备	43	2001	短期借款
3	1012	其他货币资金	24	1503	可供出售金融资产	44	2101	交易性金融负债
4	1101	交易性金融资产	25	1511	长期股权投资	45	2201	应付票据
5	1121	应收票据	26	1512	长期股权投资减值准备	46	2202	应付账款
6	1122	应收账款	27	1521	投资性房地产	47	2203	预收账款
7	1123	预付账款	28	1531	长期应收款	48	2211	应付职工薪酬
8	1131	应收股利	29	1532	未实现融资收益	49	2221	应交税费
9	1132	应收利息	30	1601	固定资产	50	2231	应付利息
10	1221	其他应收款	31	1602	累计折旧	51	2232	应付股利
11	1231	坏账准备	32	1603	固定资产减值准备	52	2241	其他应付款
12	1401	材料采购	33	1604	在建工程	53	2314	代理业务负债
13	1402	在途物资	34	1605	工程物资	54	2401	递延收益
14	1403	原材料	35	1606	固定资产清理	55	2501	长期借款
15	1404	材料成本差异	36	1701	无形资产	56	2502	应付债券
16	1405	库存商品	37	1702	累计摊销	57	2701	长期应付款
17	1406	发出商品	38	1703	无形资产减值准备	58	2702	未确认融资费用
18	1407	商品进销差价	39	1711	商誉	59	2711	专项应付款
19	1408	委托加工物资	40	1801	长期待摊费用	60	2801	预计负债
20	1411	周转材料	41	1811	递延所得税资产	61	2901	递延所得税负债

续表

序号	编号	名称	序号	编号	名称	序号	编号	名称
		三、共同类			五、成本类	80	6301	营业外收入
62	3101	衍生工具	71	5001	生产成本	81	6401	主营业务成本
63	3201	套期工具	72	5101	制造费用	82	6402	其他业务成本
64	3202	被套期项目	73	5103	待摊进货费用	83	6403	营业税金及附加
		四、所有者权益类	74	5201	劳务成本	84	6601	销售费用
65	4001	实收资本	75	5301	研发支出	85	6602	管理费用
66	4002	资本公积			六、损益类	86	6603	财务费用
67	4101	盈余公积	76	6001	主营业务收入	87	6701	资产减值损失
68	4103	本年利润	77	6051	其他业务收入	88	6711	营业外支出
69	4104	利润分配	78	6101	公允价值变动损益	89	6801	所得税费用
70	4201	库存股	79	6111	投资损益	90	6901	以前年度损益调整

（1）资产类科目。资产类科目是用于反映企业资产的增减变动及结存情况的科目。这类科目一般都有余额，且在借方。

①反映流动资产的科目，如"库存现金""银行存款""应收账款""应收票据""预付账款""其他应收款""原材料""库存商品"等科目。

②反映非流动资产的科目，如"固定资产""累计折旧""长期股权投资""长期债权投资""无形资产"等科目。

（2）负债类科目。负债类科目是用来反映企业债务的增减变动及结存情况的科目。这类科目一般都有余额，且在贷方。

①反映流动负债的科目，如"短期借款""应付票据""应付职工薪酬"等科目。

②反映非流动负债的科目，如"长期借款""应付债券""长期应付款"等科目。

（3）共同类科目。共同类科目是指既有资产性质，又有负债性质的科目。共同类科目的特点需要从其期末余额所在方向界定其性质，共同类多为金融、保险、投资、基金等公司使用，如"衍生工具""套期工具"。

（4）所有者权益类科目。所有者权益类科目是用来反映企业所有者权益增减变动及结存情况的科目。这类科目一般都有余额，且在贷方。

①反映所有者原始投资的科目，如"实收资本"或"股本""资本公积"等科目。

②反映经营成果累积的科目，如"盈余公积""利润分配"等科目。

（5）成本类科目。成本类科目是用来归集费用、计算成本的科目。如在生产过程中，用来归集制造产品的生产费用，计算产品生产成本的"制造费用"和"生产成本"科目。

（6）损益类科目。损益类科目是指核算内容与损益的计算确定直接相关的科目。这类科目期末均无余额。

①用来反映营业损益的科目，如"主营业务收入""主营业务成本""营业税金及附加""管理费用""销售费用""财务费用"等科目。这里的收入和费用之间有着直接配比或期间配比的关系。

②用来反映营业外收支的科目，如"营业外收入""营业外支出"科目。

③用来反映所得税的科目，如"所得税费用"科目。

2．按提供信息的详细程度及其统驭关系分类

会计科目按其提供信息的详细程度及其统驭关系，可以分为总分类科目和明细分类科目。

（1）总分类科目。又称总账科目或一级科目，是对会计要素具体内容进行总括反映、提供总括信息的会计科目。总分类科目反映各种经济业务的概括情况，是进行总分类核算的依据。

（2）明细分类科目。简称明细科目，是对总分类科目作进一步分类、提供更为详细和具体会计信息的科目。如果某一总分类科目所属的明细分类科目较多，可在总分类科目下设置二级明细科目（又称子目），还可在二级明细科目下设置三级明细科目（又称细目）。二级明细科目是对总分类科目进一步分类的科目，三级明细科目是对二级明细科目进一步分类的科目。实际工作中，除了少数总分类科目不用设置明细分类科目外，大多数总分类科目都需要设置明细分类科目，如"应收账款"可按债务人名称设置明细分类科目；"库存商品"可按商品名称或类别设置明细分类科目。

总分类科目对其所属的明细分类科目具有统驭和控制的作用，而明细分类科目对其归属的总分类科目起着补充和说明的作用。总分类科目及其所属的明细分类科目共同反映经济业务总括或详细的情况（表1-3）。

表1-3　　　　　　　　　　总分类科目与明细分类科目

总分类科目 （一级科目）	明细分类科目	
	二级科目（子目）	三级科目（细目）
原材料	原料及主要材料	甲材料 乙材料 丙材料
原材料	辅助材料	润滑油 油漆
	燃料	煤 天然气 汽油

> **职场小技巧**
>
> 其实企业发生的经济业务就是靠一个个的会计科目串联起来的，会计科目是会计里最基础的内容，把它弄明白了，会计业务也就分清楚了。

二、账户

通过设置会计科目，可对会计要素的具体内容进行分类。但是，会计科目只是各个类别的名称，如果要对企业日常发生的经济业务进行连续、系统、完整的记录，还需要借助于具有一定结构的记账实体，这就是账户。

（一）账户的概念

账户是根据会计科目设置的，具有一定格式和结构，用于分类反映会计要素增减变动情况及其结果的载体。设置账户是会计核算的重要方法之一，它是对各种经济业务进行分类和系统、连续的记录，反映资产、负债和所有者权益增减变动的记账实体。

（二）账户的功能与结构

1. 账户的功能

账户的功能在于连续、系统、完整地提供企业经济活动中各会计要素增减变动及其结果的具体信息。其中，会计要素在特定会计期间增加和减少的金额，分别称为账户的"本期增加发生额"和"本期减少发生额"，二者统称为账户的"本期发生额"。会计要素在会计期末的增减变动结果，称为账户的"余额"，具体表现为期初余额和期末余额，账户上期的期末余额转入本期，即为本期的期初余额；账户本期的期末余额转入下期，即为下期的期初余额。

账户的期初余额、期末余额、本期增加发生额和本期减少发生额统称为账户的四个金额要素。对于同一账户而言，它们之间的基本关系可用公式表示为：

$$期末余额 = 期初余额 + 本期增加发生额 - 本期减少发生额$$

2. 账户的结构

为了全面、清晰地记录各项经济业务，每个账户既要有明确的核算内容，又要有一定的结构。账户的结构是指账户的组成部分及其相互关系。在实际工作中，账户的具体结构可以根据不同的需要设计出多种多样的格式，但其基本内容包括如下几个方面：

（1）账户名称（即会计科目）。

（2）日期（即所依据记账凭证中注明的日期）。

（3）凭证字号（即所依据记账凭证的种类和编号）。

（4）摘要（即经济业务的简要说明）。

（5）金额（即增加、减少和余额）。

账户的基本结构如表1-4所示。

表1-4　　　　　　　　　　　账户名称（会计科目）

年		凭证编号	摘要	增加额	减少额	余额
月	日					

由于经济业务的发生引起会计要素的变动不是增加就是减少，为便于记录经济业务，账户一般分为左、右两方，按相反方向来记录增加额和减少额，即一方登记增加额，另一方登记减少额。至于哪一方登记增加额，哪一方登记减少额，则取决于企业所采用的记账方法和账户性质。

为了便于会计核算业务的演示和教学，常常使用一种简化账户格式，该格式形似英文字母"T"，故成为"T"形账户，如图1-5、图1-6所示。

左方	账户名称	右方
期初余额 增加额		减少额
本期发生额合计 期末余额		本期发生额合计

图1-5　"T"形账户结构1

左方	账户名称	右方
减少额		期初余额 增加额
本期发生额合计		本期发生额合计 期末余额

图1-6　"T"形账户结构2

3. 账户的分类

（1）按经济内容分类。账户按经济内容分类的实质是按照会计对象的具体内容进行的分类。会计对象就其具体内容而言，可以归结为资产、负债、所有者权益、收入、费用和利润六个会计要素。由于利润一般隐含在收入与费用的配比中，因此，从满足管理和会计信息使用者需要的角度考虑，账户按其经济内容可以分为资产类账户、负债类账户、所有者权益类账户、成本类账户和损益类账户五类。

①资产类账户。

资产类账户按照资产的流动性可以分为流动资产类账户和非流动资产类账户。流动资产类账户主要包括库存现金、银行存款、短期投资、应收账款、原材料、库存商品、待摊费用等；非流动资产类账户主要包括长期投资、固定资产、累计折旧、无形资产、长期待摊费用等。

②负债类账户。

负债类账户按照负债的流动性可以分为流动性负债类账户和长期负债类账户。流动性负债类账户主要包括短期借款、应付账款、应付票据、应付职工薪酬、应交税费等；长期负债类账户主要包括长期借款、应付债券、长期应付款等。

③所有者权益类账户。

所有者权益类账户按照其来源和构成的不同可以分为投入资本类所有者权益账户和资本积累类所有者权益账户。投入资本类所有者权益账户主要包括实收资本、资本公积等；资本积累类账户主要有盈余公积、本年利润、利润分配等。

④成本类账户。

成本类账户按照是否需要分配可以分为直接计入类成本账户和分配计入类成本账户。直接计入类成本账户主要有生产成本（包括基本生产成本、辅助生产成本）等；分配计入类成本账户主要有制造费用等。

⑤损益类账户。

损益类账户按照性质和内容的不同可以分为营业损益类账户和非营业损益类账户。营业损益类账户主要有主营业务收入、主营业务成本、主营业务税金及附加、其他业务收入、其他业务支出、投资收益等；非营业损益类账户主要有营业外收入、营业外支出、营业费用、管理费用、财务费用、所得税等。

> **想一想**
>
> 会计有六大要素，为什么会计账户分为五大类？

（2）按提供信息的详细程度及其统驭关系分类。账户按其提供信息的详细程度及其统驭关系，可以分为总分类账户和明细分类账户。

①总分类账户。

又称为总账账户或一级账户，是根据总分类科目设置的，用来对会计要素具体内容进行总括分类核算的账户。总分类账户只使用货币计量单位反映经济业务。

②明细分类账户。

又称为明细账户,是根据明细分类科目设置的,用来对会计要素具体内容进行明细分类核算的账户。明细分类账户除了使用货币计量反映经济业务外,必要时还需要用实物量度和劳动量度进行反映,以满足经管理的需要。

总分类账户和明细分类账户密切相关,二者登记的原始依据相同,所反映的经济业务也相同,只是详细程度不同。同时,总分类账户对所属明细分类账户起着统驭和控制的作用,是明细分类账户的综合化;明细分类账户对其归属的总分类账户起着补充和说明的作用,是总分类账户的具体化。总分类账户和明细分类账户相结合,构成了完整的账户应用体系。

(3)按用途和结构分类。账户按用途和结构分类的实质是账户在会计核算中所起的作用和账户在使用中能够反映的什么样的经济指标进行的分类。账户按照用途和结构可以分为盘存类账户、资本类账户、结算类账户、损益类账户、成本计算类账户、集合分配类账户、调整类账户、计价对比类账户和财务成果类账户九类。

①盘存类账户。

盘存类账户是指可以通过实物盘点进行核算和监督的各种资产类账户。主要有库存现金、银行存款、原材料、库存商品、固定资产等。

②资本类账户。

资本类账户是指用来核算和监督经济组织从外部取得的或内部形成的资本金增加变动情况及其实有数的账户,主要有实收资本(或股本)、资本公积、盈余公积、利润分配等。

③结算类账户。

结算类账户是指用来核算和监督一个经济组织与其他经济组织或个人以及经济组织内部各单位之间债权债务往来结算关系的账户。按照结算性质的不同它可以分为债权结算账户、债务结算账户和债权债务结算账户三种。

债权结算账户主要有应收账款、应收票据、预付账款、其他应收款等,债权结算账户的基本格式及运用同盘存类账户;债务结算账户主要有应付账款、应付票据、预收账款、其他应付款、应交税费等;债权债务结算账户是一类比较特殊的结算类账户,它是对经济组织在与其他经济组织或个人之间同时具有债权又有债权结算情况需要在同一账户进行核算与监督而运用的一种账户。

④损益类账户。

损益类账户是指用来核算和监督经营过程中发生的损益,并借以在期末计算和确定其财务成果的账户。损益类账户按其性质不同又可以分为收入类账户和费用类账户。收入类账户主要有主营业务收入、其他业务收入、营业外收入、投资收益等,费用类账户主要有主营业务成本、其他业务成本、营业外支出、营业费用、管理费用、财务费用、所得税等。

⑤成本计算类账户。

成本计算类账户是指用来归集经营过程中某个阶段所发生的全部费用，并据以计算和确定出各个对象成本的账户，主要有生产成本、材料采购、在建工程等。

⑥集合分配类账户。

集合分配类账户是指用来归集和分配经济组织经营过程中某个阶段所发生的相关费用的账户，主要有制造费用等。

⑦调整类账户。

调整类账户是指用来调节和整理相关账户的账面金额并表示被调整账户的实际余额数的账户。调整类账户按照调整方式的不同可以分为备抵调整账户、附加调整账户和备抵附加调整账户三类。

备抵调整账户是指用来抵减被调整账户余额，以取得被调整账户余额的账户。备抵调整账户按照被调整账户性质的不同又可以分为资产类备抵调整账户和权益类备抵调整账户。附加调整账户是指用来增加被调整账户余额的账户。备抵附加调整账户是指既具有备抵又具有附加调整功能的账户。比较典型的备抵附加账户是"材料成本差异"账户。

⑧计价对比类账户。

计价对比类账户是用来对某项经济业务，按两种不同的计价进行对比，借以确定其业务成果的账户。这类账户同时经济业务的两种计价，期末将两种计价对比，确定成果。计价对比账户主要有"材料采购""固定资产清理""待处理财产损溢"账户等。

⑨财务成果类账户。

财务成果类账户是指用来核算和监督经济组织在一定时期内财务成果形成，并确定最终成果的账户。典型的财务成果类账户是"本年利润"。

你知道吗 会计账户与会计科目的联系与区别

	会计账户	会计科目
相同	会计账户登记的经济内容与会计科目反映的经济内容是一致的	
联系	会计账户是根据会计科目开设的，是会计科目的具体运用	会计科目是设置会计账户的依据，是会计账户的名称
区别	会计账户具有一定结构，能具体反映会计要素的增减变动情况	会计科目只是会计要素具体内容的分类，本身无结构

任务4　细说借贷

对于初学者来说，刚开始学会计有两个难点：一是找不准会计科目，二是分不清借贷。这两个绊脚石踢开了，就可以轻松前进了。"借"和"贷"是会计的专用术语，也是会计的记账符号，这两个字只有在会计这个环境里，才有它的特殊意义。

一、借贷记账法的概念

借贷记账法是一种以"借""贷"为记账符号，以会计等式"资产＝负债＋所有者权益"为理论依据，以"有借必有贷、借贷必相等"为记账规则的一种复式记账方法。

（一）记账符号

借贷记账法是以"借"和"贷"作为记账符号的复式记账法。因此，在借贷记账法下，账户的左方即"借"方，账户的右方即"贷"方。这里的"借"和"贷"作为记账符号，已不再具有其本身的含义，只用来反映经济业务事项的数量变化，"借"方和"贷"方所反映的经济业务事项数量变化的增减性质是不固定的，完全视具体账户的性质而定。但有一点是肯定的，即对于任何一个账户，"借"和"贷"所反映的数量增减性质是相反的，即一方反映增加，则另一方必定反映其减少。

（二）理论依据

借贷记账法的对象是会计要素的增减变动过程及其结果，这个过程及结果可用公式"资产＝负债＋所有者权益"来表示。这一公式揭示了会计主体各要素之间的数字平衡关系，即有一定数量的资产，就必然有相应数量的权益（负债和所有者权益）与之相对应，任何经济业务所引起的要素增减变动，都不会影响这个等式的平衡，即每一次记账的借方和贷方是平衡的，一定时期账户的借方、贷方的金额是平衡的，所有账户的借方、贷方余额的合计数是平衡的。用公式表示如下：

所有账户的借方余额＝所有账户的贷方余额

所有账户的借方发生额＝所有账户的贷方发生额

（三）记账规则

借贷记账法下，对每一项经济业务事项，都要遵循"有借必有贷，借贷必相等"的记账规则，它要求：

第一，任何一笔经济业务都必须同时分别记录到两个或两个以上的账户中去；

第二，所记录的账户可以是同类账户，也可以是不同类账户，但必须是两个记账方向，既不能都计入借方，也不能都计入贷方；

第三，计入借方的金额必须等于计入贷方的金额。

> **你知道吗**　单式记账法和复式记账法
>
> 账户和会计科目为记账提供了场所，但是采用什么方法记账，如何记账才能保证账户记录清晰和正确，则属于记账方法问题。会计发展至今，人们曾采用过两种方法：单式记账法和复式记账法。
>
> 1. 单式记账法
>
> 单式记账法是指对发生的经济业务只在一个账户中进行登记的记账方法。一般单式记账法只适用于现金及债权债务账户的记录。如销售商品一批20 000元，货款尚未收到，则只在"应收账款"账户中登记增加20 000元。
>
> 特点：只记录人欠、欠人和货币资金事项。
>
> 缺点：没有一套完整的相互联系的账户体系；不能全面、系统地反映经济业务的来龙去脉；也不便于检查账户记录的正确性。
>
> 2. 复式记账法
>
> 复式记账法是指对发生的每一项经济业务，都要在两个或两个以上相互联系的账户以相等的金额进行记录。如销售产品一批20 000元，货款尚未收到，不仅在"应收账款"账户中登记增加20 000元，还要在"主营业务收入"账户中登记增加20 000元。这两笔账户记录也是相互联系的，销售了商品而货款未收，主营业务收入增加的同时，债权相应也增加了。
>
> 复式记账原理：会计等式"资产＝负债＋所有者权益"为会计科目和账户提供了基础，同时也为复式记账提供了理论上的依据。
>
> 优点：复式记账法能够全面、系统地在账户中记录经济业务，提供有用的会计信息；能够清晰地反映资金运动来龙去脉，便于对经济业务内容的了解和监督；能够运用平衡关系检验账户记录有无差错。

二、借贷记账法下的账户结构

在借贷记账法下，账户基本结构为左借右贷，借贷方向相反。

（一）资产类账户

资产类账户的结构是借方登记增加额，贷方登记减少额，期末如有余额一般在借方。

其余额计算公式为:

$$期末余额＝期初借方余额＋本期借方发生额－本期贷方发生额$$

资产类账户用"T"形账户表示,如图1-7所示。

借方	资产类账户名称	贷方
期初余额 本期增加额		本期减少额
本期发生额合计 期末余额		本期发生额合计

图1-7　资产类账户结构

(二)负债及所有者权益类账户

负债及所有者权益类账户同属于权益类账户,其账户结构与资产类账户结构正好相反,即其借方登记减少额,贷方登记增加额,如有余额,一般在贷方。其余额计算公式为:

$$期末余额＝期初贷方余额＋本期贷方发生额－本期借方发生额$$

负债及所有者权益类账户用"T"形账户表示,如图1-8所示。

借方	负债及所有者权益类账户名称	贷方
本期减少额		期初余额 本期增加额
本期发生额合计		本期发生额合计 期末余额

图1-8　负债及所有者权益类账户结构

(三)损益收入类账户

收入的取得使企业资产增加或负债减少,从而引起所有者权益的增加。因此,损益收入类账户的结构与所有者权益类账户的结构相似,即借方登记减少额,贷方登记增加或转销金额,由于本期发生的损益,在期末全额结转到利润计算账户,因此损益收入类账户期末无余额。

损益收入类账户用"T"形账户表示,如图1-9所示。

借方	损益收入类账户名称	贷方
本期减少额或结转金额		本期增加额
本期发生额合计		本期发生额合计

图1-9　损益收入类账户结构

(四)损益费用类账户

费用的发生使企业资产减少或负债增加,从而导致所有者权益减少。因此,损益费用类账户的结构与所有者权益类账户的结构正好相反,即借方登记增加额,贷方登记减少额。由于本期发生的损益,在期末全额结转到利润计算账户,因此损益费用类账户期末无余额。

损益费用类账户用"T"形账户表示,如图1-10所示。

借方	损益费用类账户名称	贷方
本期增加额		本期减少额或结转金额
本期发生额合计		本期发生额合计

图1-10　损益费用类账户结构

(五)成本类账户

成本类账户的结构兼有损益费用类账户和资产类账户的特征,其发生额的记录与损益费用类账户结构相同,其余额的反映与资产类账户相同,即借方登记增加额,贷方登记减少额,余额一般在借方。其余额计算公式为:

期末余额＝期初借方余额＋本期借方发生额－本期贷方发生额

成本类账户用"T"形账户表示,如图1-11所示。

借方	成本类账户名称	贷方
期初余额 本期增加额		本期减少额
本期发生额合计 期末余额		本期发生额合计

图1-11　成本类账户结构

借贷记账法下，上述各类账户的结构如表1-5所示。

表1-5　　　　　　　　　　借贷记账法下各类账户的结构

账户类别	借方	贷方	余额	期末余额计算公式
资产类	增加	减少	借方	期末余额＝期初借方余额＋本期借方发生额－本期贷方发生额
负债及所有者权益类	减少	增加	贷方	期末余额＝期初贷方余额＋本期贷方发生额－本期借方发生额
收入类	减少	增加		期末结转至"本年利润"账户后应无余额
费用类	增加	减少		期末结转至"本年利润"账户后应无余额
成本类	增加	减少	借方	期末余额＝期初借方余额＋本期借方发生额－本期贷方发生额

三、借贷记账法的运用

（一）会计分录

会计分录是指对经济业务在登记账户前预先确定的应记账户名称、方向和金额的一种记录形式，简称分录。会计分录由账户名称、借贷方向、应记金额三要素构成。

在实际工作中，会计分录是填写在记账凭证上的。编制会计分录的步骤如下：

第一，分析涉及要素：经济业务所涉及的是资产、负债、所有者权益还是收入、费用（成本）、利润；

第二，确定账户名称；

第三，确定应计入哪个（或哪些）账户的借方、哪个（或哪些）账户的贷方；

第四，确定应借应贷金额以及借贷方金额是否相等。

会计分录的书写要求：上借下贷，借贷错开一格，金额分排两列，金额后不必写"元"。

如，企业收到投资者投入资金300 000元，可以做会计分录如下：

借：银行存款　　　300 000

　　贷：实收资本　　　300 000

会计分录包括简单分录和复合分录两种。借贷记账法下，简单分录是指只涉及两个对应账户的会计分录，即一借一贷的分录，如上述经济业务中，只涉及银行存款和实收资本两个账户，一借一贷，就是一个简单分录。复合分录是指涉及两个以上对应账户的会计分录，即一借多贷、一贷多借，以及根据特殊经济业务事项的要求所做的多借多贷的分录。

如，企业购入商品一批，货款15 000元，其中10 000元已用银行存款支付，尚欠供货企业5 000元。可做会计分录如下：

借：库存商品　　　15 000

贷：银行存款　　10 000
　　　　应付账款　　 5 000
该笔会计分录涉及三个对应账户，称为复合分录。

（二）试算平衡

在运用借贷记账法记录经济业务时，可能会发生一些人为差错。为此，必须确立用于检查、验证账户记录是否正确的方法，以便找出错误及原因，及时改正。这种检查和验证账户记录正确性的方法，在会计上称为试算平衡。

1. 发生额平衡法

账户发生额平衡法是用来检查本期全部账户的借贷发生额是否相等的方法。其公式如下：

全部账户借方本期发生额合计＝全部账户贷方本期发生额合计

上述公式平衡的依据是记账规则——"有借必有贷，借贷必相等"。

2. 账户余额平衡法

账户余额平衡法是用来检查所有账户的借方期末余额和贷方期末余额合计是否相等的方法。其公式如下：

全部账户借方余额合计＝全部账户贷方余额合计

上述公式平衡的依据是会计等式——"资产＝负债＋所有者权益"原理。

任务5　掌握原则

一、会计核算基础

会计核算基础是指在会计确认、计量和报告过程中，对会计事项进行会计处理时采用的标准。会计核算基础主要有两种：权责发生制和收付实现制。

（一）权责发生制

权责发生制，也称应收应付制度，是以权利或责任的发生与否为标准来确认收入费用。权责发生制要求，凡是当期已经实现的收入和已经发生或应当负担的费用，无论款项是否收付，都应当作为当期的收入和费用；凡是不属于当期的收入和费用，即使款项已在当期收付，也不应当作为当期的收入和费用。权责发生制主要是从时间上规定会计确认的基础，其核心是根据权责关系的实际发生期间来确认收入和费用。

在权责发生制下,应归属本期的收入和费用,不仅可能包括本期实际收到的收入和实际支出的费用,也可能包括下期收到的收入和支付的费用,还可能包括在上期已经取得的收入和付出的费用。所以在会计期末确定本期的收入和费用时,就需要按照归属原则对账簿记录进行适当调整。

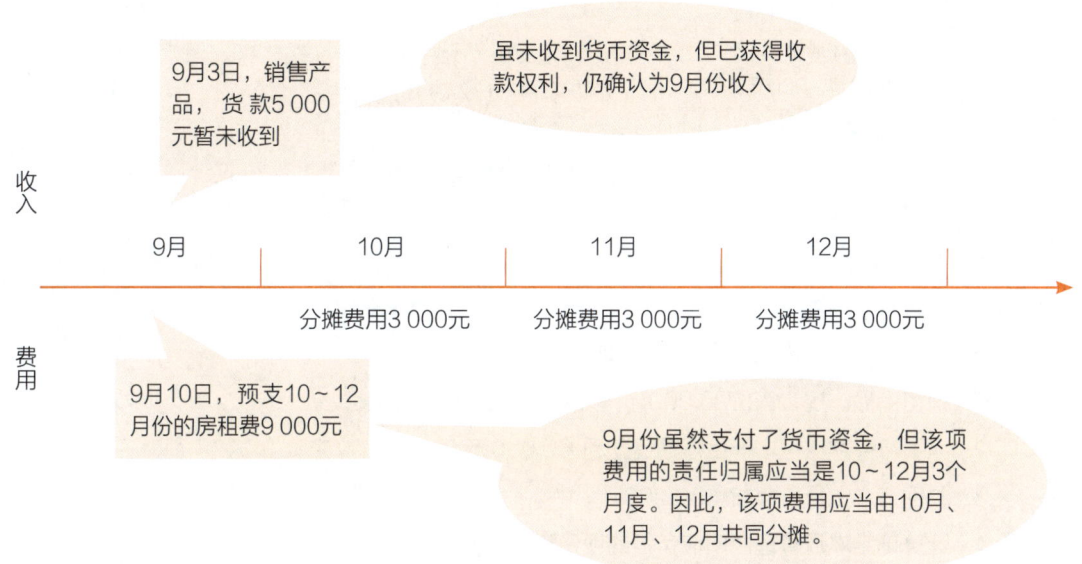

图1-12　权责发生制表现图

(二) 收付实现制

收付实现制,也称现收现付制,是以收到或付出的现金为标准来记录收入的实现和费用的发生。收付实现制要求,凡是本期收到的收入和支付的费用,不管其是否归属本期,都作为本期的收入和费用;反之,凡是本期未收到的收入和未支付的费用,即使应归属本期,也不能作为本期的收入和费用。

在收付实现制下,不考虑预收收入、预付费用以及应计收入和应计费用的存在,会计期末根据账簿记录中实际收到的现金和实际支付的现金确定本期的收入和费用,与权责发生制正好相反。

为了明确会计核算的确认基础,正确反映企业在特定期间的财务状况和经营成果,《企业会计准则——基本准则》第九条规定:"企业应当以权责发生制为基础进行会计确认、计量和报告。"

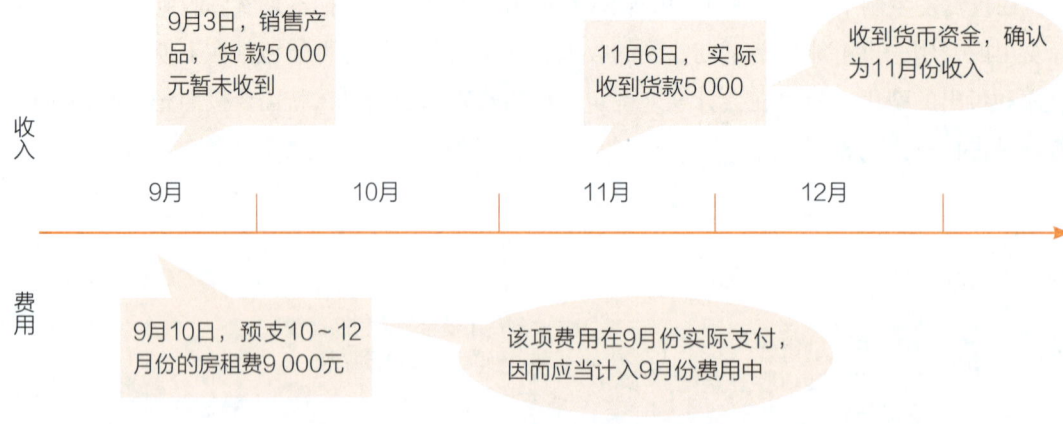

图1-13 收付实现制表现图

想一想

某公司2016年5月发生了下列经济业务：

1. 销售商品一批，售价20 000元，按合同规定下月收回货款。
2. 以银行存款支付本季度短期借款利息9 000元。
3. 收回客户上月所欠货款50 000元。
4. 计算确定本月管理部门应负担的设备租金2 000元。
5. 根据销售合同规定收到某客户的购货定金30 000元，款项已存入银行。
6. 支付本月职工工资54 000元。

请分别用权责发生制和收付实现制确定该公司的收入、费用。

二、会计信息质量要求

会计信息质量要求是对企业财务会计报告中所提供高质量会计信息的基本规范，是使财务会计报告中提供的会计信息对使用者决策有用所应具备的基本特征，根据《企业会计准则——基本准则》的规定，会计信息质量要求包括可靠性、相关性、可理解性、可比性、实质重于形式、重要性、谨慎性和及时性八个方面。

（一）可靠性

可靠性要求企业应当以实际发生的交易或者事项为依据进行会计确认、计量和报告，如实反映符合确认和计量要求的各项会计要素及其他相关信息，保证会计信息真实可靠、内容完整。

可靠性是对会计信息质量的基本要求，具体包括以下三层含义：企业应当以实际发生的交易或者事项为依据进行会计确认、计量和报告；在符合重要性和成本效益原则的前提下，保证会计信息的完整性；在财务会计报告中列示的会计信息应当是中立的。

（二）相关性

相关性要求企业提供的会计信息应当与财务报告使用者的经济决策需要相关，有助于财务报告使用者对企业过去、现在或者未来的情况做出评价或者预测。

相关性里的"相关"是指与财务报告使用者的决策相关。在会计核算中坚持相关性就要求会计人员在收集、加工、处理和提供会计信息的过程中，充分考虑各方信息使用者的不同特点及需求，为其提供有用的信息资料。

值得注意的是，相关性是以可靠性为基础的，两者之间并不矛盾，不应将两者对立起来。也就是说，会计信息在可靠性前提下，尽可能做到相关性，以满足财务报告使用者的决策需要。

（三）可理解性

可理解性要求企业提供的会计信息应当清晰明了，便于财务报告使用者理解和使用。

企业编制财务报告、提供会计信息的目的在于使用，只有了解会计信息的内涵、弄懂会计信息的内容，这样的会计信息才能使用和有用。这就要求会计人员在进行会计核算时，应准确、清晰；填制会计凭证、登记账簿时，必须做到依据合法、账户对应关系清楚、文字摘要完整；编制会计报表时，应当内容完整、项目勾稽关系清楚、数字准确。

（四）可比性

可比性要求企业提供的会计信息应当具有可比性。可比性包括两层含义：

同一企业不同时期可比（即纵向可比）：同一企业不同时期发生的相同或者相似的交易或事项，应当采用一致的会计政策，不得随意变更。但并非表明企业不得变更会计政策，如果按照规定或者在会计政策变更后可以提供更客观、更相关的会计信息，可以变更会计政策，但应当在附注中说明有关变更情况。

不同企业相同会计期间可比（即横向可比）：不同企业同一会计期间发生的相同或者相似的交易或者事项，应当采用规定的会计政策，确保会计信息口径一致、相互可比，以便于会计信息使用者分析、评价不同企业的财务状况、经营成果和现金流量及其变动情况。

（五）实质重于形式

实质重于形式要求企业应当按照交易或者事项的经济实质进行会计确认、计量和报告，不应仅以交易或者事项的法律形式为依据。

在大多数情况下，企业发生的交易或者事项的经济实质和法律形式是一致的，但在有些情况下也会出现不一致。例如，企业以融资租赁方式租入固定资产，从法律形式上看，企业并不拥有该资产的所有权；但从经济实质上看，企业在相当长的租赁期内有权支配资产并从中受益，在租期结束时企业对该资产有优先购置权，即企业能够控制该资产创造的未来经济利益。所以，会计核算应将以融资租入固定资产视为自有资产。

（六）重要性

重要性要求企业提供的会计信息应当反映与企业财务状况、经营成果和现金流量有关的所有重要交易或者事项。

重要性的应用需要依赖职业判断，企业应当根据其所处环境和实际情况，从项目的性质和金额两个方面加以判断。如果某会计信息的省略或者错报会影响投资者等财务报告使用者做出决策的，该信息就具有重要性。对于重要的会计事项，企业必须按照规定的会计方法和程序分别核算、分项反映、力求准确，并在财务报告中重点说明；对于次要的会计事项，在不影响会计信息真实性和不至于误导财务报告使用者做出正确判断的前提下，可适当简化处理或合并反映。

（七）谨慎性

谨慎性要求企业对交易或者事项进行会计确认、计量和报告时应当保持应有的谨慎，不应高估资产或者收益、低估负债或者费用。

会计信息质量的谨慎性，要求企业在面临不确定性因素的情况下做出职业判断时，应当保持应有的谨慎，充分估计到各种风险和损失，既不高估资产或者收益，也不低估负债或者费用。这样，可以使损益计算、资产计价更加稳健可靠，从而增强企业化解和防范经营风险的能力。实际工作中，固定资产计提加速折旧、坏账准备采用备抵法、关注和反映或有负债等都是谨慎性的具体应用。

（八）及时性

及时性要求企业对于已经发生的交易或者事项，应当及时进行确认、计量和报告，不得提前或者延后。

会计信息的价值在于帮助会计信息使用者做出经济决策，应当具有时效性。在会计确认、计量和报告过程中贯彻及时性，应该做到"三及时"：第一，及时收集会计信息，即在经济业务发生后，及时收集整理各种原始单据或者凭证；第二，及时处理会计信息，即按照会计准则统一规定的时限，及时对经济业务进行确认、计量，并编制出财务会计报告；第三，及时传递会计信息，即在统一规定的时限内，及时编制财务会计报告并传递给财务会计报告的使用者，便于其及时使用和决策。

想一想

某企业2016年3月发生了下列经济业务，并由会计作了相应的处理：

1. 3月6日，企业购买了电脑一台，价值7 900元，会计将7 900元一次性全部计入当期管理费用。

2. 3月13日，张某从企业出纳那里拿了500元现金，给自己的孩子购买玩具，会计将500元计为企业的办公费支出。

3. 3月16日，会计将企业收到的某外资企业支付的产品销售收入12 000美元，直接计美元账户中，而没有将其折算为人民币反映。

4. 3月17日，企业融资租入一台生产设备，会计将其作为自有资产处理。

6. 3月31日，企业计提固定资产折旧，采用年数总和法，而本月以前计提折旧均采用直线法。

根据上述资料，分析该企业的会计在处理这些经济业务时是否正确。若有错误，主要违背了哪项会计假设或会计原则？

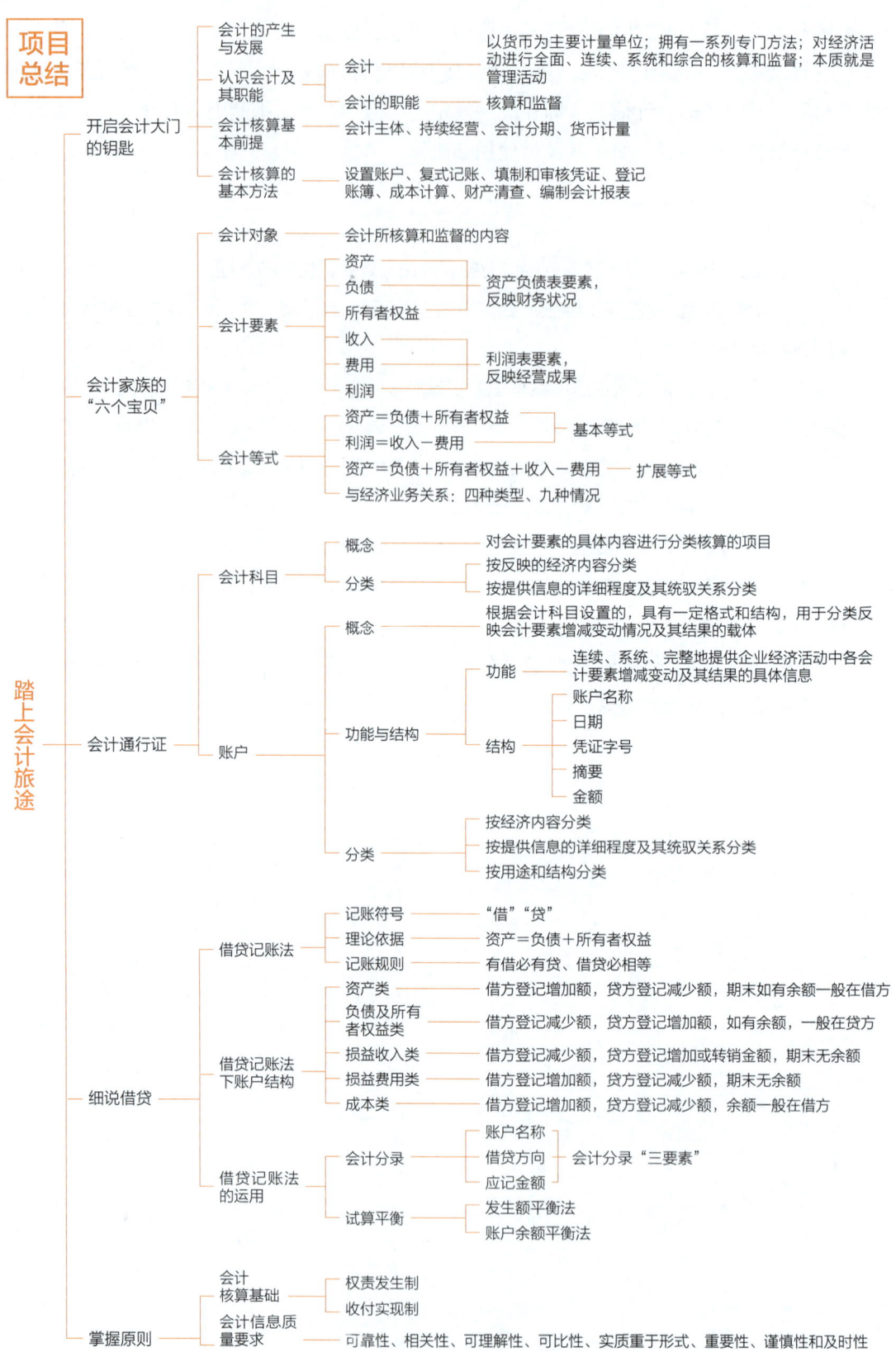

知识巩固

一、单项选择题

1. 资金投入企业是资金运动的起点，主要包括（　　）。
   A. 对外销售产品　　　　　　　　B. 向所有者分配利润
   C. 购置固定资产　　　　　　　　D. 接受投资

2. 会计主体对会计核算范围从（　　）上进行了有效的划定。
   A. 空间　　　　B. 内容　　　　C. 时间　　　　D. 空间和时间

3. 会计核算前后各期指标口径应一致符合（　　）要求。
   A. 相关性　　　B. 谨慎性　　　C. 权责发生制　　　D. 可比性

4. 会计科目是（　　）。
   A. 会计要素的名称　　B. 账簿的名称　　C. 报表的项目　　D. 账户的名称

5. 账户是根据（　　）开设的。
   A. 核算需要　　B. 会计科目　　C. 主观愿望　　D. 经济业务

6. 复式记账法对每一项经济业务都以相等的金额，在（　　）中进行登记。
   A. 一个账户　　　　　　　　　　B. 两个账户
   C. 所有账户　　　　　　　　　　D. 两个或两个以上账户

7. 预付给供货单位的货款，可视同为一种（　　）。
   A. 损益支出　　B. 负债　　　C. 所有者权益　　D. 资产

8. 某企业月初资产总额300万元，本月发生下列经济业务：①赊购材料10万元；②用银行存款偿还短期借款20万元；③收到购货单位偿还的欠款15万元，存入银行。月末资产总额为（　　）。
   A. 310万元　　B. 290万元　　C. 295万元　　D. 305万元

9. 永乐公司的资产总计为3 600万元，流动负债合计为900万元，所有者权益合计为1 200万元，则当日永乐公司的非流动负债应当为（　　）。
   A. 2 700万元　　B. 2 400万元　　C. 2 100万元　　D. 1 500万元

二、多项选择题

1. 下列关于会计的表述中，正确的是（　　）。
   A. 会计的职能是指会计在经济管理过程中所具有的功能
   B. 会计采用一系列专门方法
   C. 会计是一种经济管理活动
   D. 会计是一个经济信息系统

2. 下列会计科目属于负债的有（　　）。
   A. 应付职工薪酬　　　B. 应付账款　　　C. 应收账款　　　D. 应交税费
3. 在借贷记账法下，账户的借方登记（　　）。
   A. 资产的增加　　　　　　　　　　　　B. 成本费用的增加
   C. 收入的增加　　　　　　　　　　　　D. 所有者权益的增加
4. 在借贷记账法下，账户的贷方登记（　　）。
   A. 资产的增加　　　　　　　　　　　　B. 成本费用的增加
   C. 负债的增加　　　　　　　　　　　　D. 所有者权益的增加
5. 编制会计分录时，必须考虑清楚的问题是（　　）。
   A. 分析经济业务内容　　　　　　　　　B. 确定应借和应贷的账户名称
   C. 确定应记的金额　　　　　　　　　　D. 确定账户的余额在借方还是在贷方
6. 对会计等式"资产＝负债＋所有者权益"的描述中，以下正确的是（　　）。
   A. 在某一特定时点企业资产的基本情况
   B. 在某一特定时期企业资产的基本情况
   C. 资产、负债及所有者权益是构成资产负债表的三个基本要素
   D. 反映了资金运动三个静态要素之间的内在联系
7. 下列经济业务中，能引起会计等式左右两边会计要素同时变动的有（　　）。
   A. 收回应收货款　　　　　　　　　　　B. 归还到期借款
   C. 收到投资人投入资金　　　　　　　　D. 购买商品，支付货款
8. 以下会计科目中，期末一般将余额全部转出的有（　　）。
   A. 管理费用　　　B. 实收资本　　　C. 生产成本　　　D. 主营业务收入
9. 关于账户与会计科目的联系与区别，下列表述中正确的有（　　）。
   A. 会计科目是账户的名称，账户式会计科目的具体运用
   B. 会计科目与账户两者口径一致，性质相同
   C. 会计科目不存在结构，账户则具有一定格式和结构
   D. 会计科目可以记录经济业务的增减变化及其结果
10. 下列项目中，与"制造费用"属于同一类科目的是（　　）。
    A. 固定资产　　　　　　　　　　　　B. 其他业务成本
    C. 生产成本　　　　　　　　　　　　D. 主营业务成本

三、判断题

1. 会计主体与法人主体是同一概念。（　　）
2. 我国会计年度自公立1月1日起至12月31日止。（　　）
3. 凡是特定对象能够以数量表现的经济活动，都是会计核算和监督的内容，不同单位的会计对象

均有不同的特点。（　　）
4. 所有账户的左边都记录增加额，右边都记录减少额。（　　）
5. 明细分类账户是根据明细分类科目设置的，用于对会计要素具体内容进行总括分类核算的账户。（　　）
6. 账户是根据会计科目设置的，具有一定的格式和结构，用于分类反映会计要素增减变动情况和结构的载体。（　　）
7. 实际工作中，具体会计科目设置，一般是从会计要素出发，将会计科目分为资产、负债、所有者权益、收入、费用、利润六大类。（　　）
8. 在会计核算的具体方法中，设置账户占有重要位置，它决定着会计科目的开设，是正确进行会计核算的一个重要条件。（　　）
9. 不论发生什么样的经济业务，会计等式两边会计要素的平衡关系都不会破坏。（　　）
10. 会计等式是设置账户、复式记账以及编制会计报表的理论依据。（　　）

四、简答题

1. 什么是会计？它有什么特点？
2. 会计的基本职能有哪些？其相互关系如何？
3. 会计对象是什么？简述会计对象的具体内容。
4. 会计科目与账户之间的关系。
5. 会计信息质量要求有哪些？

技能训练

一、经济业务对会计等式的影响

2017年，某公司发生经济业务如下，请分析经济业务对会计等式的影响：

1. 从银行提取现金1万元。
2. 从银行借入期限为5个月的短期借款500万元。
3. 收到投资者投入的机器设备一台，价值1 000万元。
4. 以银行存款100万元偿还前欠货款。
5. 股东大会决定减少注册资本300万元，以银行存款向投资者退回其相应投入资本。
6. 已到期的应付票据200万元，因无力支付转为应付账款。
7. 宣布向投资者分配利润500万元。
8. 经批准公司已发行的债券1 000万元转为实收资本。
9. 经批准用资本公积500万元转为实收资本。

二、借贷记账法的运用

永乐公司发生以下经济业务，根据以下资料编制会计分录：

1. 从银行存款中提取现金2 000元备用。
2. 将现金1 000元存入银行。
3. 购入甲材料共计8 000元，材料款项尚未支付。
4. 销售A产品20 000元，货款已收妥并存入银行。
5. 用银行存款8 000元，偿还前欠甲材料款。
6. 企业向银行借款60 000元存入银行，借款期限为6个月。
7. 收回前欠的货款62 000元，存入银行。
8. 用银行存款20 000元归还银行短期借款。
9. 收到投资者投资款10 000元，存入银行。
10. 销售B产品92 000元，货款尚未收到。
11. 收回销售B产品的欠款92 000元，存入银行。

三、发生额和余额的试算平衡

请根据习题二的资料编制永乐公司试算平衡表，永乐公司各账户期初余额如表1-6所示。

表1-6　　　　　　　永乐公司各账户期初余额表　　　　　　　单位：元

会计科目	借方余额	贷方余额
库存现金	1 200	
银行存款	85 000	
交易性金融资产	120 200	
应收账款	70 000	
原材料	80 000	
固定资产	200 000	
短期借款		84 000
应付账款		92 400
实收资本		380 000
合计	556 400	556 400

本期发生额及余额试算平衡表

账户名称	期初余额		本期发生额		期末余额	
	借方余额	贷方余额	借方发生额	贷方发生额	借方余额	贷方余额
库存现金						
银行存款						
交易性金融资产						
应收账款						
原材料						
固定资产						
短期借款						
应付账款						
实收资本						
主营业务收入						
合计						

项目二 旅途的开始

学习目标

本项目内容和前面内容联系紧密,主要介绍凭证、账簿的分类、凭证的内容及填写要求。通过本项目的学习,学生应该做到以下几点:

1. 了解会计凭证的概念、种类。
2. 掌握原始凭证的种类,能判断出各种经济业务所对应的原始凭证。
3. 理解原始凭证的内容和填制要求,能准确规范地填制经济活动中常见的原始凭证,并进行审核。
4. 理解记账凭证的种类、内容和填制要求,能判断出各种不同经济业务所应填制的记账凭证,并能填制和审核。
5. 了解会计账簿的种类,熟悉会计流程。

案例导入

2017年2月5日，木子公司采购部李某向财务部预借差旅费2 000元去A市采购商品，并且填制了借款单。李某采购商品共花费了65 800元，同时取得增值税专用发票，会计人员对取得的增值税专用发票进行了审核。2月10日，商品入库，仓库保管员填制入库单；2月16日，销售部领用商品并填制出库单。2月20日公司管理部门领用300元办公用品自己使用，填制办公用品领用单。

思考：

1. 什么是原始凭证？以上哪些属于自制原始凭证，哪些属于外来原始凭证？
2. 什么是记账凭证？以上经济业务涉及了哪些记账凭证？
3. 会计凭证如何审核？

相关知识

任务1　认识凭证

一、会计凭证

所谓会计凭证，是在会计工作中记录经济业务、明确经济责任的书面证明，是据以登记账簿的依据。

为保证会计信息真实、可靠，会计主体进行任何一项经济业务，都必须办理凭证手续，由经办业务的相关人员填制或取得会计凭证，说明该项经济业务的内容，并在会计凭证上签名或盖章，明确经济责任，然后由相关人员进行审核，审核无误并由审核人员签章后，作为记账的依据。

（一）会计凭证的意义

合法地取得、正确地填制和审核会计凭证，是会计核算的基本方法之一，也是会计核算工作的起点，在会计核算中具有重要意义。

1. 提供经济活动的原始资料，传导经济信息

会计凭证，一方面它是经济信息的载体，记录反映了经济活动的原始资料；另一方面，通过会计凭证的加工、整理、传送，可产生新的经济信息息并予以传导，为经济管理服务。因此，会计凭证既是取得数据手段，也是传导信息的工具。例如一张收款通知，上列A公司偿付某公司应收账款100万元。通过这张会计凭证就可以知道A公司的欠款已经归还，同时还可以知道银行存款增加了100万，即可根据业务活动需要来合理安排这笔存款。

2. 明确经济责任，强化内部控制

任何会计凭证除记录有关经济业务的基本内容外，还必须由有关部门和人员签章，对会计凭证所记录经济业务的真实性、完整性、合法性负责，从而加强他们的责任感，也便于企事业单位的领导对有关人员进行考核。如果发生了纠纷，有关部门人员可以借助于会计凭证进行正确的裁决和处理，强化企业内部控制，同时有利于加强企业内部和企业之间的经济责任。

随着社会主义市场经济的发展，会计凭证填制和审核的完善是会计法律建设的客观要求，也是处理经济纠纷、审判经济案件的重要依据。

3. 监督经济活动，控制经济运行

通过会计凭证的审核，可以查明每一项经济业务是否符合国家有关法律、法规、制度的规定，是否符合计划、预算进度，是否有违法乱纪、铺张浪费行为等。对于查出的问题，应积极采取措施予以纠正，实现对经济活动的事中控制，保障经济活动健康运行。

（二）会计凭证的分类

会计凭证按填制的程序和用途分为原始凭证和记账凭证两大类。

原始凭证，又称单据，是在经济业务发生或完成时取得或填制的，用来记录经济业务发生或完成情况，明确经济责任的书面证明，它是会计核算的原始依据。

记账凭证，又称记账凭单，它由会计人员根据审核无误的原始凭证填制，反映经济业务的内容、应借应贷会计科目及金额，并直接作为记账依据的会计凭证。记账凭证是介于原始凭证与账簿的中间环节，是据以登记账簿的直接依据。

> **你知道吗**
>
> 原始凭证记录的是经济信息，记账凭证记录的是会计信息。

二、原始凭证

原始凭证在企业的经济活动中起着重要的作用，通过原始凭证，能够证明经济业务的真实性和正确性，监督经济活动的合法性和合规性。同时，原始凭证是填制记账凭证和登记账簿的原始依据，是进行会计核算的原始资料。

（一）原始凭证的分类

原始凭证种类很多，形式多样，为方便使用，通常按其来源、填制手续及内容、格式加以分类，见图2-1。

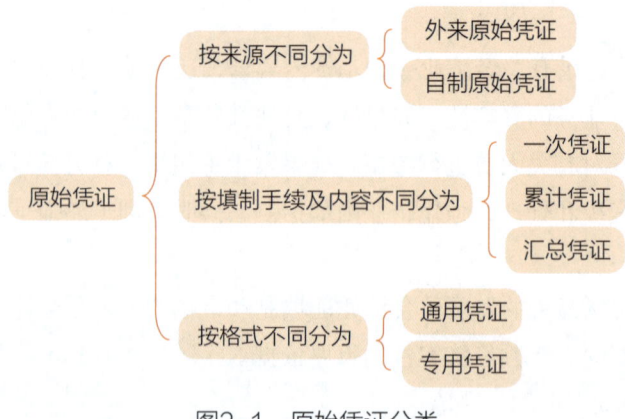

图2-1 原始凭证分类

1．原始凭证按照来源不同，分为外来原始凭证和自制原始凭证

（1）外来原始凭证。外来原始凭证是指在经济业务发生或完成时，从其他单位或个人处直接取得的原始凭证。如供应单位开出的增值税专用发票（表2-1）、普通发票；转账支票（表2-2）；收款单位或个人开出的收据；出差人员取得的车票、船票、机票、宿费单、铁路托运单、运杂费收据等。

（2）自制原始凭证。自制原始凭证是指由本单位经办业务的部门和人员，在执行或完成某项经济业务时所自行填制的、仅供本单位内部使用的原始凭证。如产品出库单、产品入库单、借款单（表2-3）、工资发放明细表、折旧计算表等。

表2-1 增值税专用发票

购货单位	名　　称：						密码区		
	纳税人识别号：								
	地址、电话：								
	开户行及账号：								
货物或应税劳务名称		规格型号	单位	数量	单价	金额		税率	税额
合　　计									
价税合计（大写）		⊗		（小写）					
销货单位	名　　称：						备注		
	纳税人识别号：								
	地址、电话：								
	开户行及账号：								

4402012345　　No.0987657777　　开票日期　年　月　日

第三联：发票联 购货方记账凭证

表2-2   转账支票

中国工商银行 支票存根 1032678300678953	中国工商银行 转账支票
附加信息_____ _____ 出票日期：年 月 日 收款人：_____ 金　额：_____ 用　途：_____ 单位主管　　会计	出票日期（大写）　　　年 月 日　　付款行名称： 收款人：　　　　　　　　　　　　　出票人账号： 民币（大写）｜亿｜千｜百｜十｜万｜千｜百｜十｜元｜角｜分｜ 用途_____ 上列款项清从 我账户内支付　　　　　　　　　　复核　　记账 出票人签章

表2-3   借款单

借 款 单

年 月 日

部　门		姓名	
借款事由			
借款金额	（大写）：		
预计还款日期		¥	
审批意见		借款人签收	年 月 日

会计主管：　　　　　　　　　　　　　　　　　出纳：

2．原始凭证按照填制手续及内容不同，分为一次凭证、累计凭证和汇总凭证

（1）一次凭证。一次凭证是指一次填制完成、只记录一笔经济业务的原始凭证，如收料单（表2-4）、领料单、收据、借款单、银行结算凭证等。一次凭证是一次有效的凭证。

表2-4   收料单表

收 料 单

供应单位：　　　　　　　　　　　年 月 日　　　　　　　　　发票号：

类别	材料名称	规格材质	计量单位	数量	实收数量	单位成本	金额								
							十	万	千	百	十	元	角	分
检验结果　检验员签章：				运杂费										
				合计										
备注														

仓库：　　　　　　　　　　材料会计：　　　　　　　　　　收员员：

（2）累计凭证。累计凭证是指在一定时期内多次记录发生的同类型的经济业务的原始凭证。累计凭证是多次有效的原始凭证，具有代表性的是限额领料单（表2-5）。

表2-5　　　　　　　　　　　　　　　限额领料单

限 额 领 料 单

领料单位：　　　　　　　　　　　　　　　　　　　　　　　　　凭证编号：

用　　途：　　　　　　　　　年　月　　　　　　　　　　　　　发料仓库：

材料编号	材料名称及规格	计量单位	领用限额	实际领用			备注
				数量	单位成本	金额	

日期	请领		实发		退库			限额结余
	数量	领料单位负责人签章	数量	发料人签章	领料人签章	数量	收料人签章	退料人签章	
合计									

生产计划部门负责人：　　　　供应部门负责人：　　　　仓库负责人：

（3）汇总凭证。汇总凭证也称为原始凭证汇总表，是指对一定时期内反映的同类经济业务的若干张原始凭证，按照一定的标准汇总编制的原始凭证。常用的汇总原始凭证有发出材料汇总表、工资结算汇总表、差旅费报销单（表2-6）等。

表2-6　　　　　　　　　　　　　　　差旅费报销单

差 旅 费 报 销 单

部门：　　　　　　　　　　　　　　　　　　　　报销日期：　年　月　日

日期		地点		交通工具	交通费	途中补贴	住宿费	住宿费补贴		其他		合计
起	讫	起	讫					天数	金额	项目	金额	
各项费用小计												
报销金额：人民币（大写）												
预借金额：¥				报销金额：¥				补退金额：¥				
出差事由：												

单位负责人：　　　财务主管：　　　部门主管：　　　出纳：　　　报销人：

3．原始凭证按照格式不同，分为通用凭证和专用凭证

（1）通用凭证。通用凭证是指由有关部门统一印制的，在一定范围内使用的，具有统一格式和使用方法的原始凭证。它可全国通用，也可以在某一地区、某一行业通用，如中国人民银行统一制定的银行转账结算凭证、由税务部门统一规定使用的增值税专用发票等。

（2）专用凭证。专用凭证是指具有特定内容和专门用途的原始凭证，如差旅费报销单、产品入库单。

（二）原始凭证的填制

1．原始凭证的基本内容

原始凭证的格式和内容因经济业务和经营管理的不同而有差异，但应当具备以下基本内容（也称原始凭证要素）：

（1）原始凭证的名称。
（2）原始凭证的日期。
（3）填制凭证单位名称或填制人姓名。
（4）经办人员的签名或者盖章。
（5）接受凭证单位或个人名称。
（6）经济业务内容。
（7）经济业务中实物的名称、数量、单价、金额。

2．原始凭证的填制要求

原始凭证是编制记账凭证的依据，是最具有法律效力的证明文件。为了保证原始凭证能够真实、正确、完整、及时地反映经济业务，确保会计核算资料的质量，填制原始凭证必须符合相关要求，如表2-7所示。

表2-7　　　　　　　　　　原始凭证的填制要求

记录真实	原始凭证填制的日期、经济业务内容、数量、金额等必须与实际情况完全符合，不得歪曲业务，不能随意估计数字，以确保凭证内容真实可靠
内容完整	原始凭证必须按规定的格式和内容逐项填写齐全，不得遗漏，同时必须由经办业务部门的有关人员签字盖章，对凭证的真实性和正确性负责
填制及时	原始凭证应在经济业务发生或完成时及时填制，并按照规定的程序和手续传递给有关部门，以便及时办理后续业务，进行会计审核和记账
手续完备	取得的原始凭证必须符合手续完备的要求，以明确经济责任，确保凭证的合法性、真实性
书写清楚、规范	原始凭证上的文字和数字都需要认真填好，字迹清楚，易于辨认，不得使用未经国务院公布的简化汉字。凡是填有大写金额和小写金额的原始凭证，大写金额与小写金额必须相符。原始凭证的填制（需要复写的除外），必须用钢笔或碳素笔书写。填写时应遵守以下要求：

续表

书写清楚、规范	1. 小写金额用阿拉伯数字逐个书写，不得连笔书写。阿拉伯金额数字前面应当书写货币币种符号或者货币名称简写，如人民币币种符号为"￥"，美元币种符号为"$"等。币种符号与阿拉伯数字之间不得留有空白。金额数字一律填写到角分，无角分的，写"00"或符号"—"，有角无分的，分位写"0"，不得用符号"—" 2. 大写金额用汉字壹、贰、叁、肆、伍、陆、柒、捌、玖、拾、佰、仟、万、亿、元、角、分、零、整等，一律用正楷或行书体书写。大写金额前未印有"人民币"字样的，应加写"人民币"三个字，"人民币"字样和大写金额之间不得留有空白，大写金额到元或角为止的，在"元"字或者"角"字后面要写"整"或"正"字，大写金额有分的，"分"字后面不写"整"或"正"字。如小写金额为￥300 060.50，大写金额应写成"人民币叁拾万零陆拾元伍角整"，或写成"人民币叁拾万零陆拾元零伍角整"
连续编号	各种凭证要连续编号，以便考查。如果凭证已预先印定编号，如发票、支票等重要凭证，在写坏作废时，应加盖"作废"戳记，妥善保管，不得撕毁
不得涂改、刮擦、挖补	原始凭证如有错误，应当由出具单位重开或更正，更正处应当加盖出具单位印章。原始凭证金额错误的，应当由出具单位重开，不得在原始凭证上更正

3. 企业主要原始凭证的填制

（1）增值税专用发票。增值税专用发票是发货票的一种。增值税专用发票是供增值税一般纳税人生产经营增值税应税项目使用的一种特殊发票，它不仅是一般的商事凭证，还是计算抵扣税款的法定凭证。

增值税专用发票的基本联次统一规定为四联，各联次必须按以下规定用途使用：第一联为存根联，由销货方留存备查；第二联为发票联，购货方作付款的记账凭证；第三联为税款抵扣联，购货方作扣税凭证；第四联为记账联，销货方作销售的记账凭证。

情景案例1

2016年6月20日，上海樱花服饰有限公司销售女士七分裤1 000件、九分裤500件给上海东方百货有限公司，货款92 500元，增值税15 725元，货已发出，款项尚未收到。

上海樱花服饰有限公司的相关资料如下：

纳税人登记号：370102639548781

开户行：工行上海支行

账号：22233388

地址电话：上海市普陀区金沙江路1000号　0534-34567111

上海东方百货有限公司的相关资料如下：

纳税人登记号：440211116789111

开户行：工商银行开发区支行

账号：66633399

地址电话：上海市大学东路38号　62567811

请填制该业务的增值税专用发票。

🔍 工作分析

增值税专用发票各项的具体填列方式如下：

开票日期：填写销售业务的发生日期。

购货单位：按购货单位的实际情况分别填写购货单位名称、纳税人登记号、地址及电话、开户银行及账户。

货物及应税劳务名称：按实际销售的货物或提供的应税劳务填写。

规格型号：填写货物的规格型号。

计量单位：填写货物的计量单位，如件、吨等。

数量、单价：填写销售货物或应税劳务的数量和单价。

金额：按"销售额＝数量×单价"计算的结果填写销售货物或提供劳务的销售额。

税率：填写销售货物或提供应税劳务适用的增值税的税率。

合计：分别填写金额和税额的合计数，合计金额小写前面要加"￥"。

价税合计：分别填写销售货物或提供应税劳务的销售额及相应税额金额之和的大小写。

销货单位：按销货单位的实际情况分别填写销货单位名称、纳税人登记号、地址及电话、开户银行及账户。

签名栏：相关责任主体签名。

▶ 工作成果

上海市增值税专用发票

发票联　　　　　　　　　　　　　　　NO 5432146

开票日期：2016年06月20日

购货单位	名　　称：上海东方百货有限公司 纳税人识别号：440211116789111 地　址、电话：上海市大学东路38号　62567811 开户行及账号：工商银行开发区支行　66633399	密码区	略

货物或应税劳务名称	规格型号	单位	数量	单价	金额	税率	税额
女士七分裤		件	1 000	60	60 000.00	17%	10 200.00
女士九分裤		件	500	65	32 500.00	17%	5 525.00
合计					￥92 500.00		￥15 725.00

价税合计（大写）	人民币壹拾万捌仟贰佰贰拾伍元整	（小写）￥108 225.00

销货单位	名　　称：上海樱花服装有限公司 纳税人识别号：370102639548781 地　址、电话：上海市普陀区金沙江路1000号　0534-34567111 开户行及账号：工行上海支行　22233388	备注	(上海樱花服装有限公司 370705639548781 发票专用章)

收款人：王立　　　　复核：赵军　　　　开票人：高灵　　　　销货单位：（章）

第三联 发票联

（2）普通发票。普通发票是相对于增值税专用发票而言的，是指在销售商品、提供或接受劳务以及从事其他经营活动时，所开具和收取的除增值税专用发票之外的其他发票。

普通发票的基本联次为三联。第一联为存根联，开票方留存备查；第二联为发票联，收执方作为付款原始凭证；第三联为记账联，开票方作为记账原始凭证。发票的基本内容包括：发票的名称、编号、联次及用途、客户名称、商品名称或经营项目、计量单位、数量、单价、大小写金额、开票日期、开票单位（个人）名称（章）等。普通发票的形式多样，不同的行业有不同样式的发票。

情景案例2

2016年6月17日，上海樱花服饰有限公司购买办公用品支付620元，收到普通发票一张。请填制普通发票一张。

工作分析

普通发票各项的具体填列方式如下：

客户名称：填写购货单位或个人的全称。

日期：按业务发生或完成的时间填写。

品名及规格：按货物或劳务的名称、规格及型号等实际情况填写。

单位、数量：按销售货物或提供劳务的单位、数量据实填写。

单价：按销售货物或提供劳务的单价填写。

金额：按"金额=数量×单价"计算的结果填写销售货物或提供劳务的销售额。

合计（大写）：填写销售货物或提供劳务合计金额的大写数。

小写金额合计：填写销售货物或提供劳务的销售额合计小写数，小写合计金额前要加"￥"。

签名栏：相关责任主体签名。

工作成果

上海市商业零售统一发票

发票代码：121
2016年6月17日

客户：上海樱花服装有限公司

品名规格	单位	数量	单价		金额
办公用品				满千元无效	620
合计（大写）陆佰贰拾元整					￥620.00

开票单位（盖章） 　　　　　　开票人：张红

（3）现金支票。支票是出票人签发的，委托办理支票存款业务的银行在见票时无条件支付特定金额给收款人或者持票人的票据。

在填写现金支票时，应按有关规定认真填写支票中的有关栏目。现金支票正面需填写的内容有收款人和开户银行名称、支票号码、出票日期（大写）、出票人账号、大小写金额、用途等项目，填写时必须要素齐全、内容真实、数字准确、字迹清晰，不潦草，不错漏，做到标准、规范，防止涂改。签发支票应使用墨汁或碳素墨水填写。未按规定填写，被涂改冒领的，由签发人负责。支票大小写金额与收款人不得更改，其他内容如有更改，必须由签发人加盖预留银行印鉴以资证明。反面写上提款人姓名、身份证号码。最后再盖上预留银行印签章，方可去银行提款。

> 情景案例3

2016年3月8日，上海樱花服饰有限公司开出现金支票一张，出纳员到银行提款20 000元用于企业备用金。请填制现金支票一张。

🔍 工作分析

1. 支票正联的填写

出票日期：用中文大写填写经济业务发生或完成的日期。

付款行名称：填写出票单位开户银行的名称。

出票人账号：按出票单位在开户银行的开户账号填写。

人民币（大写）：填写经济业务涉及的具体金额，以汉字大写金额规范书写，注意要顶格书写。

小写金额：规范填写阿拉伯数字金额，金额前要用人民币币种符号"￥"封顶。金额的书写要到角分；无角分的，可以在相应位置写"0"。

用途：简明扼要地说明填写支配的用途，现金支票的用途一般填写"备用金""工资"等。

2. 支票存根联的填写

科目：填写"银行存款"科目。

对方科目：填写该笔业务的借方科目"库存现金"。

签发日期：用阿拉伯数字填写出票的具体日期。

收款人：填写收款单位或个人的全称。

金额：使用小写金额填写业务涉及的具体金额。

用途：填写和正联相同的用途。

▶ **工作成果**

中国工商银行 中国工商银行现金支票存根	中国工商银行 现金支票
科目：银行存款 对方科目：库存现金 签发日期：2016年03月08日 收款人：上海樱花服装有限公司 金　额：¥20000.00 用　途：备用金 单位主管　　　　　　　　会计 出票人签章	出票日期（大写）贰零壹陆年叁月零捌日　付款行名称：工商银行开发区支行 收款人：上海樱花服饰有限公司　　　　出票人账号：333666999 人民币（大写）人民币贰万元整　　　亿千百十万千百十元角分 　　　　　　　　　　　　　　　　　　　　　　　¥ 2 0 0 0 0 0 0 用途 备用金 上列款项请从 我账户内支付　　上海樱花服装有限公司财务专用章　　张华丽印　　复核　　记账 出票人签章

💬 **你知道吗　出票日期**

　　票据的出票日期必须使用中文大写。为了防止篡改票据的出票日期，月为壹、贰和壹拾的，日为壹至玖和壹拾、贰拾、叁拾的，应在其前面加"零"；日为拾壹至拾玖的，应在前面加"壹"。如2月13日，应写成"零贰月壹拾叁日"；10月20日，应写为"零壹拾月零贰拾日"。票据出票日期使用小写的，银行不予受理。大写日期未按要求规范填写的，银行可予以受理；但由此造成的损失，由出票人自行承担。

（4）收料单。收料单是企业购进材料、商品验收入库时，由仓库保管人员根据购入材料、商品的实际验收情况填制的原始凭证。企业外购材料、商品时，都应由仓库保管人员根据供应单位开来的发票账单，严格审核，对到达入库的材料认真计量，并按实际数量认真填制"收料单"。收料单一式三联，第一联留仓库，登记材料物资明细账和材料卡片；第二联随发票账单到会计部门报账；第三联交采购人员存查。

> **情景案例4**

　　2016年6月5日，华光食品有限公司从天新食品添加剂有限公司购入白糖10 000千克，每千克5元，已验收入库。请填制收料单。

🔍 **工作分析**

收料单各项目的具体填列方法如下：

供货单位：填写提供货物单位的名称。

时间：按材料入库当天的时间填列。

材料类别、名称、规格、计量单位：按入库材料的类别、名称、规格、计量单位如实填写。

数量：分别填写材料的应收数量和实收数量，应收数量按照购货发票上列明的数量填写。

金额：按"金额＝数量×单价"计算的结果填写。
签章栏：相关责任人员签章。

▶ **工作成果**

收 料 单

供货单位：天新食品添加剂有限公司　　2016年6月5日　　　　　　发票号：0235

材料类别	材料名称	规格材质	计量单位	应收数量	实收数量	单价	金　额						
							十万	万	千	百	十	元	角	分
原材料	白糖	高亮型	千克	10 000	1 000	5.00		5	0	0	0	0	0	0
检验结果　检验员签章：				合计			¥	5	0	0	0	0	0	0
备注														

仓库：刘明　　　　　材料会计：王燕　　　　　收料员：张良

（三）原始凭证的审核

为了如实反映经济业务的发生和完成情况，会计机构和会计人员必须对原始凭证进行严格审核。只有经过审核无误的原始凭证，才能作为记账的依据。审核的内容主要包括以下几项。

1. 审核原始凭证的真实性

所谓原始凭证的真实性，是指原始凭证所记载的经济业务是否与实际发生的经济业务情况相符合，包括与经济业务相关的当事人单位和当事人是否真实；经济业务发生的时间、地点和填制凭证的日期是否准确；经济业务的内容及其数量方面（包括实物数量、计量单位、单价、金额）是否与实际情况相符；有关签名盖章是否符合规定；原始凭证真伪等。

2. 审核原始凭证的合法性

所谓原始凭证的合法性，是指原始凭证所记载的经济业务是否合理合法，是否符合国家有关政策、法令、规章和制度的规定，是否符合计划、预算的规定；有无违法乱纪的行为，有无弄虚作假、营私舞弊、伪造涂改凭证的现象；各项费用支出是否符合开支范围及开支标准的规定，是否符合增收节支、增产节约、提高经济效益的原则，有无铺张浪费的现象等。

3. 审核原始凭证的正确性

所谓原始凭证的正确性，是指原始凭证的摘要是否填写清楚；日期是否真实；实物数量、单价及金额是否正确；小计、合计及数字大写和小写有无错误；有无刮擦、挖补、涂改和伪造原始凭证等情况。外来原始凭证金额不得涂改，如有错误，要求出具单位重新开具。

4. 审核原始凭证的完整性

所谓原始凭证的完整性，是指原始凭证是否具备合法凭证所必需的基本内容，这些内容填写是否齐全，有无遗漏的项目；原始凭证的填制手续是否完备，有关单位和经办人员是否签章；是否经过主管人员审核批准；须经政府有关部门或领导批准的经济业务，其审批手续是否按规定履行等。

原始凭证审核和处理方式如表2-8所示。

表2-8　　　　　　　　　　　　原始凭证审核和处理方式

内容	处理
不真实、不合法	不予接受，并及时向单位负责人报告
不完整、填写有误	退还经办人，待其补办完整、更正错误或重开后，再予受理
完全符合要求	及时据以编制记账凭证入账

三、记账凭证

由于经济业务发生时取得的原始凭证种类繁多，格式多样，而且原始凭证一般不能明确经济业务应计入的账户名称和借、贷的方向，因此不便于使用原始凭证直接登记会计账簿。对此，会计人员在登记账簿之前，先对审核无误的原始凭证，编制具有一定格式的记账凭证，来确定应借、应贷的账户名称和金额，然后再据此登记入账。原始凭证作为记账凭证的证明和依据，应附于记账凭证之后，这样可以保证账簿记录的准确性，也便于对账、查账和凭证的管理，从而提高会计工作质量。

（一）记账凭证的分类

记账凭证可按不同的标准进行分类，按照用途可分为专用记账凭证和通用记账凭证；按照填列方式可分为单式记账凭证和复制记账凭证。记账凭证的分类见图2-2。

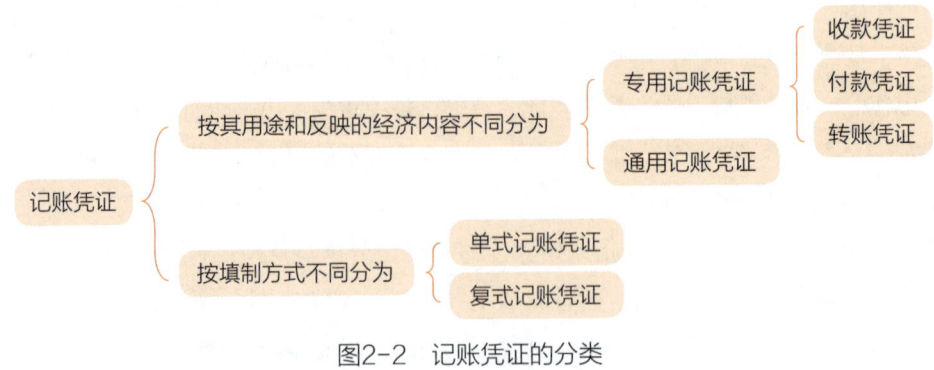

图2-2　记账凭证的分类

1. 记账凭证按照用途和反映的经济内容不同，分为专用记账凭证和通用记账凭证

（1）专用记账凭证。专用记账凭证是指分类反映经济业务的记账凭证，按其反映的经济业务内容，可分为收款凭证、付款凭证和转账凭证。

收款凭证。收款凭证用于记录库存现金和银行存款收款业务的记账凭证，它根据库存现金和银行存款收款业务的原始凭证填制，可分为库存现金收款凭证和银行存款收款凭证，是登记库存现金日记账或银行存款日记账及其有关明细账和总账的依据。格式如图2-3所示。

收 款 凭 证

借方科目：　　　　　　　　　　年　月　日　　　　　　　　　　收字第　号

摘要	贷方科目		金额										记账
	总账科目	明细科目	亿	千	百	十	万	千	百	十	元	角	分	
附件　张	合　　　计		¥			1	6	0	0	0			

会计主管：　　　记账：　　　出纳：　　　审核：　　　制单：

图2-3　收款凭证

付款凭证。付款凭证用于记录库存现金和银行存款付款业务的记账凭证，它根据库存现金和银行存款付款业务的原始凭证填制，可分为库存现金付款凭证和银行存款付款凭证，是登记库存现金日记账或银行存款日记账及其有关明细账和总账的依据。格式如图2-4所示。

付 款 凭 证

贷方科目：　　　　　　　　　　年　月　日　　　　　　　　　　付字第　号

摘要	借方科目		金额										记账
	总账科目	明细科目	亿	千	百	十	万	千	百	十	元	角	分	
附件　张	合　　　计													

会计主管：　　　记账：　　　出纳：　　　审核：　　　制单：

图2-4　付款凭证

转账凭证。转账凭证是用于记录不涉及库存现金和银行存款经济业务的记账凭证。它根据转账业务的原始凭证填制，是登记有关明细账和总账的依据。如计提固定资产折旧、期末结转等业务应编制转账凭证。其格式如图2-5所示。

项目二　旅途的开始

转账凭证

年　月　日　　　　转字第　号

摘要	会计科目		借方金额											贷方金额											记账
	总账科目	明细科目	亿	千	百	十	万	千	百	十	元	角	分	亿	千	百	十	万	千	百	十	元	角	分	
附件　张	合　计																							

会计主管：　　记账：　　审核：　　制单：

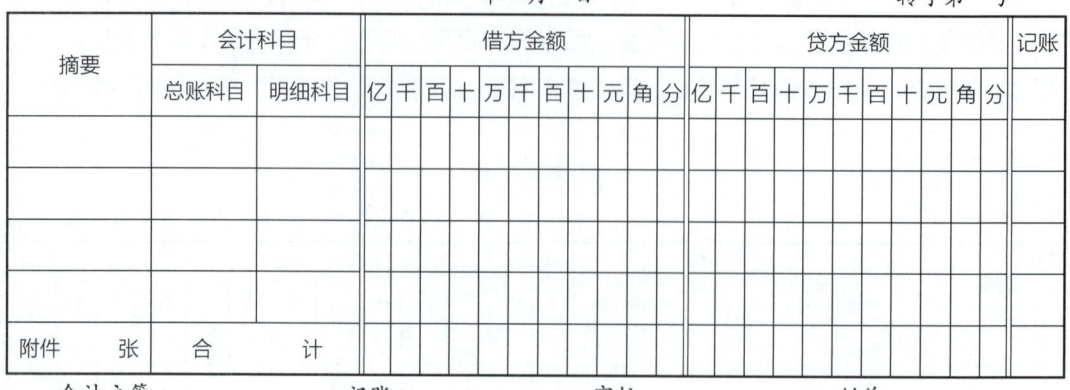

图2-5　转账凭证

（2）通用记账凭证。通用记账凭证是指用来反映所有经济业务的记账凭证，为各类经济业务共同使用，其格式与转账凭证基本相同。

在实务工作中，对于经济业务数量较少的企业和单位，可以不分收款、付款、转账业务，统一使用通用记账凭证来记录和反映所有经济业务，将所有的经济业务统一编号，在同一格式的凭证中进行记录。其格式如图2-6所示。

记账凭证

年　月　日　　　　记字　号

摘要	总账科目	明细科目	过账	借方金额									过账	贷方金额								
				百	十	万	千	百	十	元	角	分		百	十	万	千	百	十	元	角	分
合　计																						

附凭证　张

会计主管：　　记账：　　复核：　　出纳：　　制单：

图2-6　记账凭证

2. 记账凭证按填制方式不同，分为单式记账凭证和复式记账凭证

（1）单式记账凭证。单式记账凭证，也称为单科目记账凭证，是指一张记账凭证中只填列经济业务事项所涉及的一个会计科目及其金额的记账凭证。只填列借方账户的凭

证称为借项记账凭证，格式见图2-7；只填列贷项账户的凭证称为贷项记账凭证，格式见图2-8。某项经济业务涉及几个会计科目，就编制几张单式记账凭证。单式记账凭证反映内容单一，便于分工记账，便于按会计科目汇总，但一张凭证不能反映每一笔经济业务的全貌，不便于检验会计分录的正确性。由于单式记账凭证的使用范围较窄，不再做专门介绍。

单式记账凭证（借项记账凭证）

2016年2月8日　　　　　　　　　　　　凭证编号：

摘要	总账科目	明细科目	账页	金额
购甲材料	在途物资	甲材料		1 000
对应总账科目：银行存款				

附件1张

财务主管：李璇　　记账：黄秋　　出纳：赵实　　审核：刘平　　制单：王玉

图2-7　借项记账凭证

单式记账凭证（贷项记账凭证）

2016年2月8日　　　　　　　　　　　　凭证编号：

摘要	总账科目	明细科目	账页	金额
购甲材料	银行存款	甲材料		1170
对应总账科目：在途物资				
应交税费				

附件1张

财务主管：李璇　　记账：黄秋　　出纳：赵实　　审核：刘平　　制单：王玉

图2-8　贷项记账凭证

（2）复式记账凭证。复式记账凭证是将每一笔经济业务所涉及的全部会计科目及其发生额均在同一张记账凭证中反映的一种凭证。它是实际工作中应用最普遍的记账凭证。上述收款凭证、付款凭证和转账凭证以及通用记账凭证均为复式记账凭证。复式记账凭证全面反映了经济业务的账户对应关系，有利于检查会计分录的正确性，但不便于会计岗位的分工记账。

（二）记账凭证的填制

1．记账凭证的基本内容

记账凭证作为登记账簿的直接依据，因其所反映经济业务的内容不同，各单位规模大小及其对会计核算繁简程度的要求不同，其内容有所差异。为了满足记账的基本要求，记账凭证应具备下列内容：

（1）填制凭证的日期。即填制记账凭证的当日，以年、月、日表示。记账凭证的填制日期与原始凭证的填制日期可能相同，也可能不同。

（2）凭证编号。应按月编制记账凭证的统一序号。

（3）经济业务摘要。摘要应能清晰地揭示经济业务的内容，同时应简明扼要。

（4）会计科目。即经济业务事项所涉及的会计科目（包括总账科目、明细科目）。

（5）金额。

（6）所附原始凭证的张数。原始凭证是编制记账凭证的依据，缺少它就无从审核记账凭证的正确性。

（7）填制凭证人员、稽核人员、记账人员、会计机构负责人、会计主管人员签名或盖章。收款和付款记账凭证还应当由出纳人员签名或盖章。

2．记账凭证填制要求

各种记账凭证一般都是根据审核无误的原始凭证或原始凭证汇总表填列的，填制时必须按照规定的格式和内容及时、正确地填制，要求格式统一、内容完整、科目运用正确、对应关系清晰、摘要简练、书写清晰工整。具体要求如表2-8所示。

表2-8　　　　　　　　　　记账凭证的填制要求

内容全面	记账凭证的内容要填写全面，包括编制凭证的日期、摘要、会计科目（包括明细科目）、金额、编号、附件张数和责任人员签字等，不得漏填或错填
摘要清晰	为了便于登记账簿和日后查阅凭证，记账凭证的摘要应当简明扼要，正确表达经济业务的主要内容，便于查阅凭证和登记账簿
填写规范	记账凭证的日期，一般为编制记账凭证当天的日期；会计科目要统一和规范，不得任意简化和改动，二级和明细科目也要填写齐全；金额栏数字的填写必须规范、正确，与所附原始凭证的金额相符
会计科目和会计分录正确	会计科目的使用必须正确，应借、应贷账户的对应关系必须清楚。编制会计分录要先借后贷，可以是一借多贷或一贷多借。如果某项经济业务本身需要编制一个多借多贷的会计分录，为了反映该项经济业务的全貌，也可以采用多借多贷的会计分录，不必人为地将一项经济业务所涉及的会计科目分开，编制两张记账凭证
编号连续	编号的目的是为了分清记账凭证的先后顺序，便于登记账簿和日后记账凭证与会计账簿之间的核对，并防止散失。编号时必须按顺序连续编号
记账凭证应按行次逐项填写	填制记账凭证时，应按行次逐行填写，不得跳行或留有空行；记账凭证填制完经济业务后，如有空行，应当自金额栏最后一笔金额数字下的空行处至合计数上的空行处划斜线或"～"线注销
更正错误方法要规范	在登账之前发现记账凭证错误，一般应重新填制正确的记账凭证，并将错误的记账凭证撕毁；在登账之后才发现记账凭证错误，则要按照规定的错账更正方法予以更正
附件张数需注明	除结账和更正错误的记账凭证可以不附原始凭证外，其他记账凭证必须附有原始凭证，并注明所附原始凭证张数。如果一张原始凭证涉及几张记账凭证，可以把原始凭证附在一张主要的记账凭证后面，并在其他记账凭证上注明附有该原始凭证的记账凭证的编号或者附原始凭证复印件

你知道吗　关于记账凭证的编号要求

通用记账凭证，可按经济业务发生的先后顺序分别按自然数1、2、3…顺序编号；专用记账凭证，可以采用"字号编号法"，即按照专用记账凭证的类别顺序分别进行编号，例如：收字第X号、付字第X号、转字第X号等。

一笔经济业务，如果需要编制多张专用记账凭证时，可采用"分数编号法"。例如，一笔经济业务需要编制两张转账凭证，凭证的顺序号为15号时，其编号可为转字第$15\frac{1}{2}$号、转字第$15\frac{2}{2}$号，前面的整数表示业务顺序，分子表示两张中的第一张和第二张。不论采用哪种凭证编号方法，每月末最后一张记账凭证的编号旁边要加注"全"字，以免凭证散失。

3. 记账凭证的填制

（1）收款凭证的填制方法。在借贷记账法下，收款凭证设置的科目是借方科目，收款凭证左上角的"借方科目"应按收款的性质填写"库存现金"或"银行存款"；填写的日期是编制收款凭证的日期；右上角填写编制收款凭证的顺序号，即分别自"银收字第1号"或"现收字第1号"顺序编起，不得重号、漏号、错号，通常按月进行编号；"摘要"填写对所记录的经济业务的简要说明；"贷方科目"填写与"库存现金"或"银行存款"相对应的会计科目；"记账符号"是指该收款凭证已登记账簿的标记，防止经济业务的重记或漏记；"金额"是指该项经济业务的发生额；凭证右边"附单据×张"是指该收款凭证所附原始凭证的张数；最下边分别由有关人员签名或盖章，以明确经济责任。

收款凭证的会计分录只能是"一借多贷"的复合分录或"一借一贷"的简单分录。出纳人员在办理收款业务后，要在原始凭证上加盖"收讫"的戳记，以避免重收。

情景案例5

2016年6月2日，木子公司收到职工琳琳报销差旅费时交回结余的差旅费借款现金160元。

🔍 工作分析

该业务的完成需要按以下步骤进行：

1. 判断该笔业务所涉及的账户和账户之间的对应关系，并编制会计分录。

借：库存现金　　　　　　　　160
　　贷：其他应收款——琳琳　　160

2. 判断经济业务的类型，选择需要填制的记账凭证种类，该笔业务需要填制一张收款凭证。

3. 填制凭证。

借方科目：填写该笔业务会计分录的借方科目，按收款的性质填写"库存现金"或"银行存款"。

年月日：填写编制本收款凭证的日期。

第号：此栏为凭证编号，按既定的编号方法填写所编凭证的顺序号。

摘要：简明扼要地填写经济业务的主要内容。

总账科目（一级科目）：按该项经济业务所涉及的贷方总账（一级）会计科目进行填列。

明细科目（二级科目）：填写上述总账（一级）科目对应的明细（二级）科目，如果没有，可以不填。

金额：填写贷方会计科目涉及的金额。

合计：填写金额合计的小写，合计金额前要加"¥"符号。

附件张数：根据所附原始凭证的张数填写。

▶ 工作成果

收 款 凭 证

借方科目：库存现金　　　　　2016年6月2日　　　　　　　　收字第01号

摘要	贷方科目		金额										记账
	总账科目	明细科目	亿	千	百	十	万	千	百	十	元	角	分	
琳琳交回差旅费余款	其他应收款	琳琳						1	6	0	0	0	
附件　壹　张	合　　计						¥	1	6	0	0	0	

会计主管：　　　　记账：　　　　出纳：　　　　审核：　　　　制单：

（2）付款凭证的填制方法。借贷记账法下，付款凭证的填制方法与收款凭证基本相同，不同的是在付款凭证的左上角应填列贷方科目，即"库存现金"或"银行存款"科目，"贷方科目"栏应填写与"库存现金"或"银行存款"相对应的会计科目。付款凭证的会计分录只能是"多借一贷"的复合分录或"一借一贷"的简单分录。出纳人员在办理付款业务后，应在原始凭证上加盖"付讫"的戳记，以避免重付。

对于涉及库存现金和银行存款之间的经济业务，为了避免重复记账，一般只编制付款凭证，不编制收款凭证。

情景案例6

2016年7月12日，木子公司支付广告费50 000元，收到广告公司开出的发票。

🔍 工作分析

该业务的完成需要按以下步骤进行：

1. 判断该笔业务所涉及的账户和账户之间的对应关系，并编制会计分录：

借：销售费用　　50 000
　　贷：银行存款　　50 000

2. 判断经济业务的类型，选择需要填制的记账凭证种类，该笔业务需要填制一张付款凭证。

3. 填制凭证。

贷方科目：填写该笔业务会计分录的贷方科目，按付款的性质填写"库存现金"或"银行存款"。

年月日：填写编制本付款凭证的日期。

第号：此栏为凭证编号，按既定的编号方法填写所编凭证的顺序号。

摘要：简明扼要地填写经济业务的主要内容。

总账科目（一级科目）：按该项经济业务所涉及的借方总账（一级）会计科目进行填列。

明细科目（二级科目）：填写上述总账（一级）科目对应的明细（二级）科目，如果没有，可以不填。

金额：填写借方会计科目涉及的金额。

合计：填写金额合计的小写，合计金额前要加"￥"符号。

附件张数：根据所附原始凭证的张数填写。

▶ **工作成果**

付　款　凭　证

贷方科目：银行存款　　　　　2016年7月12日　　　　　付字第01号

摘要	借方科目		金额										记账
	总账科目	明细科目	亿	千	百	十	万	千	百	十	元	角	分	
支付广告费	销售费用	广告费					5	0	0	0	0	0	0	
附件　贰　张	合　　计						￥	5	0	0	0	0	0	0

会计主管：　　　记账：　　　出纳：　　　审核：　　　制单：

（3）转账凭证的填制方法。在借贷记账法下，转账凭证将经济业务所涉及的会计科目全部填列在凭证内，其中"总账科目"和"明细科目"栏应填写应借、应贷的总账科目和明细科目，借方科目应记金额应在同一行的"借方金额"栏填列，贷方科目应记金额应在同一行的"贷方金额"栏填列，"借方金额"栏合计数与"贷方金额"栏合计数应相等。其他各有关项目的填列方法与收、付款凭证基本相同。

情景案例7

2016年7月25日，木子公司计提本月固定资产折旧费12 000元，其中行政管理部门固定资产折旧费4 000元，销售部门固定资产折旧费8 000元。

🔍 工作分析

该业务的完成需要按以下步骤进行：

1. 判断该笔业务所涉及的账户和账户之间的对应关系，并编制会计分录。

借：管理费用　　4 000
　　销售费用　　8 000
　　贷：累计折旧　　12 000

2. 判断经济业务的类型，选择需要填制的记账凭证种类，该笔业务需要填制一张转账凭证。

3. 填制凭证。

年月日：填写编制本转账凭证的日期。

第号：此栏为凭证编号，按既定的编号方法填写所编凭证的顺序号。

摘要：简明扼要地填写经济业务的主要内容。

总账科目（一级科目）：按该项经济业务所涉及的总账（一级）会计科目进行填列，先填写借方科目，再填写贷方科目。

明细科目（二级科目）：填写上述总账（一级）科目对应的明细（二级）科目，如果没有，可以不填。

借方金额：填写借方会计科目涉及的金额。

贷方金额：填写贷方会计科目涉及的金额。

合计：填写金额合计的小写，合计金额前要加"¥"符号。

其他项目的填写同收付款凭证。

▶ 工作成果

转 账 凭 证

2016年7月25日　　　　　　　　　　　　　　　　　　　　　　转字第01号

摘要	会计科目		借方金额										贷方金额										记账
	总账科目	明细科目	亿	千	百	十	万	千	百	十	元	角	分	亿	千	百	十	万	千	百	十	元	角	分	
计提折旧费	管理费用							4	0	0	0	0	0											
	销售费用							8	0	0	0	0	0											
	累计折旧																	1	2	0	0	0	0	0	
附件 壹张	合计					¥	1	2	0	0	0	0	0				¥	1	2	0	0	0	0	0	

会计主管：　　　　　　　记账：　　　　　　　审核：　　　　　　　制单：

通用记账凭证的填制方法与转账凭证的填制方法相同。

? 想一想

2016年8月20日，销售给东方百货公司女士短袖衬衫100件，单价88元，货款8 800元，增值税1 496元，货已发出，款项尚未收到。该项经济业务如何填制通用记账凭证？

记 账 凭 证

年　月　日　　　　　　　　　　　　　　　　记字　号

摘要	总账科目	明细科目	过账	借方金额									过账	贷方金额								
				百	十	万	千	百	十	元	角	分		百	十	万	千	百	十	元	角	分
合计																						

附凭证　　张

会计主管：　　　　记账：　　　　复核：　　　　出纳：　　　　制单：

（三）记账凭证的审核

为了正确登记账簿和监督经济业务，除了编制记账凭证的人员应当认真负责、正确填制、加强自审以外，同时还应建立专人审核制度。因此，记账凭证填制后，在据以记账之前，必须由会计主管人员或其他指定人员对记账凭证进行严格审核。审核的主要内容包括以下几个方面。

1．记账凭证是否附有原始凭证

所附原始凭证的张数与记账凭证中填列的附件张数是否相符；所附原始凭证记录的经济业务内容与记账凭证内容是否相符，二者金额合计是否相等。

2．记账凭证中填写项目是否齐全、正确

包括日期、摘要、总分类科目、明细分类科目名称、金额、凭证编号、附件张数、相关人员签章等是否正确、齐全。

3．记账凭证中会计分录是否正确

审核所应用的会计科目是否正确；二级或明细科目是否齐全；科目对应关系是否清楚；记账凭证中的借、贷方金额合计是否相等；一级科目金额是否与其所属的明细科目金额合计数相等。

在审核过程中，如果发现记账凭证填制有错误，或者不符合要求，在未根据记账凭证登记账簿之前则需要由填制人员重新填制，但如果已经根据记账凭证登记账簿，则必须按规定的方法进行更正。只有经过审核无误的记账凭证，才可以据以登记入账。

> **想一想**
>
> 记账凭证和会计分录是不是一回事？

任务2　辨别账簿

一、会计账簿的概念

账簿是由具有一定格式，按一定形式相互联结的账页组成，以会计凭证为依据，对全部经济业务进行全面、系统、连续、分类的记录与核算的账簿。设置和登记账簿是进行会计核算的专门方法之一。会计账簿与会计凭证、报表的关系如图2-9所示。

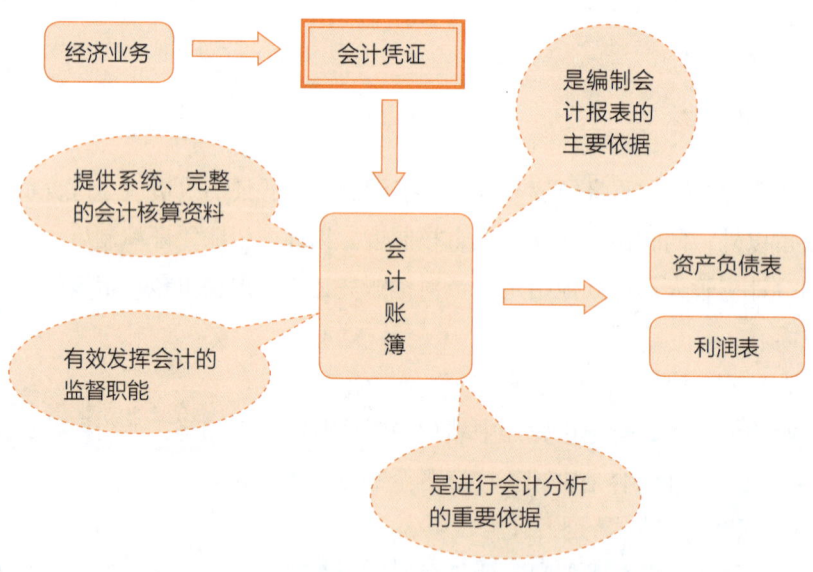

图2-9　会计账簿、会计凭证、报表的关系图

二、会计账簿的种类

会计账簿的种类多种多样，不同的账簿，其形式、用途、内容和登记方法都不相同。为了便于了解和运用各种账簿，可以按照不同标准进行分类，如图2-10所示。

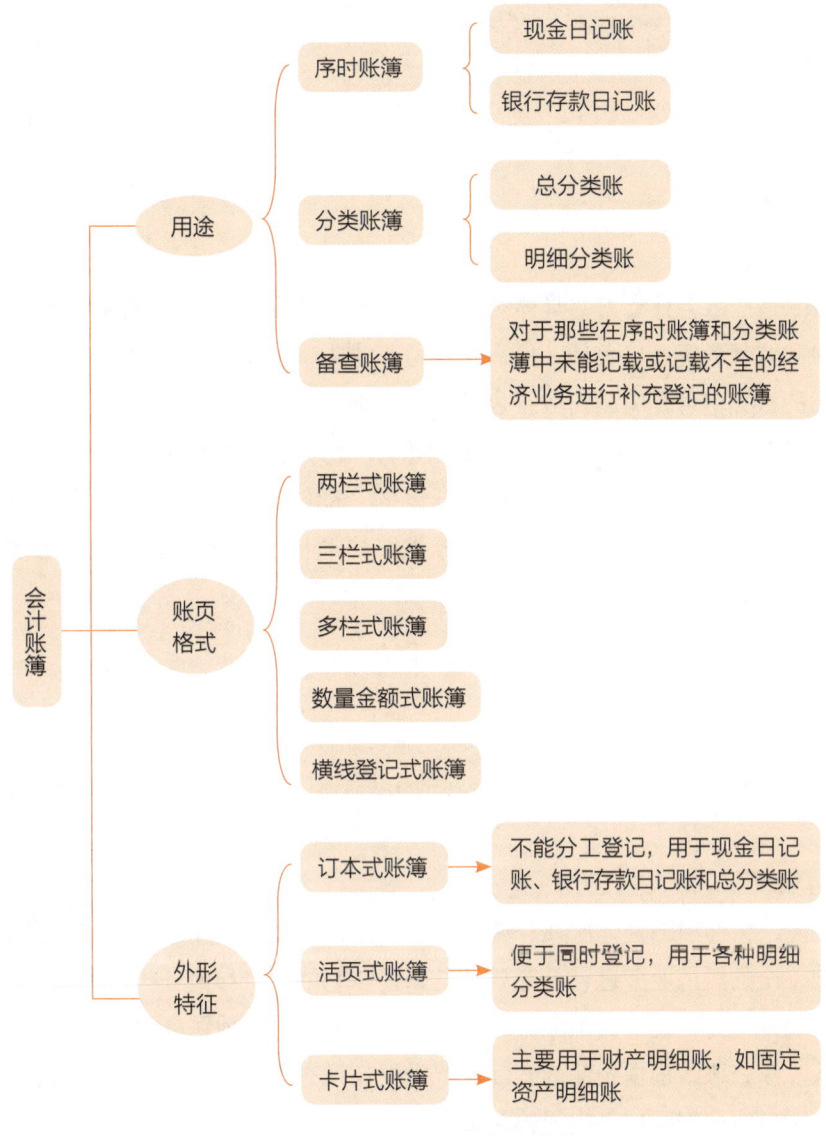

图2-10 会计账簿分类图

（一）按用途分类

账簿按用途可以分为序时账簿、分类账簿和备查账簿。

1．序时账簿

序时账簿（又称日记账），是按照经济业务发生时间的先后顺序，逐日逐笔详细登记的账簿。序时账簿有两种：一种是用来登记全部经济业务发生情况的账簿，称为普通日记账；一种是用来登记某一类经济业务发生情况的账簿，称为特种日记账，如现金日记账和银行存款日记账。设置日记账可以及时、系统、全面地反映所发生的经济业务事项以及资金的增减变动和结余情况，保护财产物资和资金的安全完整，以及便于对账、查账。

> **职场小技巧**
>
> 在实际工作中，大多数单位一般只设置现金日记账和银行存款日记账，而不设置普通日记账。

2. 分类账簿

分类账簿是按照会计要素的具体类别而设置的分类账户进行登记的账簿。分类账簿可以分别反映和监督各资产、负债、所有者权益、收入、费用和利润的增减变动情况及其结果，其提供的核算信息是编制财务报表的主要依据。

分类账簿按照其反映内容的详细程度不同，分为总分类账簿和明细分类账簿。总分类账簿，又称总账，是根据总分类账户开设的，能够全面地反映企业的经济活动。明细分类账簿，又称明细账，是根据明细分类账户开设的，用来提供明细核算资料的分类账簿。

> **职场小技巧**
>
> 在实际工作中，对于经济业务比较简单、总分类科目为数不多的单位，为了简化记账工作，可以设置兼有序时账簿和分类账簿作用的联合账簿，日记总账便是典型的联合账簿。

3. 备查账簿

备查账簿，又称辅助登记簿或补充登记簿，是指对某些在序时账簿和分类账簿中未能记载或记载不全的经济业务进行补充登记的账簿。它的记录与财务报表的编制没有直接关系，是一种表外账簿，是对其他账簿记录的一种补充，与其他账簿之间不存在严密的依存和勾稽关系。备查账簿根据企业的实际需要设置，没有固定的格式要求。例如，租入固定资产登记簿、应收票据贴现备查簿等。

（二）按账页格式分类

会计账簿按账页格式可以分为两栏式账簿、三栏式账簿、多栏式账簿、数量金额式账簿和横线登记式账簿。

1. 两栏式账簿

两栏式账簿是指只有借方和贷方两个金额栏目的账簿。普通日记账（图2-11）和转账日记账一般采用两栏式。

2. 三栏式账簿

三栏式账簿是指设有借方、贷方和余额三个金额栏目的账簿。日记账、总分类账（图2-12）以及资本、债权、债务明细账都可采用三栏式账簿。

普通日记账

年		凭证		摘要	会计科目	借方										贷方										√
月	日	种类	号数			亿	千	百	十	万	千	百	十	元	角	分	亿	千	百	十	万	千	百	十	元	角	分	

图2-11　普通日记账

总分类账

会计科目_____

年		凭证号数	摘要	借方											贷方											借或贷	余额										
月	日			亿	千	百	十	万	千	百	十	元	角	分	亿	千	百	十	万	千	百	十	元	角	分		亿	千	百	十	万	千	百	十	元	角	分

图2-12　总分类账

3．多栏式账簿

多栏式账簿（图2-13）是指在账簿的两个金额栏目（借方和贷方）按需分设若干专栏的账簿。收入、成本、费用明细账一般采用这种格式的账簿。

管理费用明细账

年		凭证号	摘要	借方	贷方	方向	余额	借方分析			
月	日							办公费	差旅费	水电费	……	物料消耗
1	10		水电费	2 000		借	2 000			2 000	
	31		办公用品	800		借	2 800	800			
			……								
			月计								
			累计								
2			……								

图2-13　多栏式账簿

项目二　旅途的开始

4. 数量金额式账簿

数量金额式账簿（图2-14）的借方、贷方和余额三个栏目内，都分设数量、单价和金额三个小栏，借以反映财产物资的实物数量和价值量。一般存货类的明细账格式大多数是数量金额式，如库存商品、产成品等明细账。

数量金额式明细分类账

日期：2017.03.01–2017.03.31

科目：甲材料

2017年		凭证字号	摘要	借方			贷方			借/贷	余额		
月	日			数量	单价	金额	数量	单价	金额		数量	单价	金额
			上期结转							借	30.00	20.00	600.00
3	13	转001	甲材料验收入库	1 000.00	20.00	20 000.00				借	1 030.00	20.00	20 600.00
	29		车间领用材料				150.00	20.00	3 000.00	借	880.00	20.00	17 600.00
	31		当月合计	1 000.00	20.00	20 000.00	150.00	20.00	3 000.00	借	880.00	20.00	17 600.00
	31		当月累计	1 000.00	20.00	20 000.00	150.00	20.00	3 000.00	借	880.00	20.00	17 600.00

图2-14 数量金额式账簿

5. 横线登记式账簿

横线登记式账簿（图2-15）又称平行式账，是指将前后密切相关的经济业务登记在同一行上，以便检查每笔业务的发生和完成情况的账簿。这种账簿适用于登记材料采购、应收票据和一次性备用金业务。

物资采购明细分类账

年　月

明细账户：

年		记账凭证编号	发票账单号	供应单位名称	数量	借方				年		记账凭证编号	收料单号	摘要	贷方			
月	日					买价	采购费用	其他	合计	月	日				计划成本	成本差异	其他	合计

图2-15 横线登记式账簿

（三）按外形特征分类

会计账簿按外形特征可分为订本式账簿、活页式账簿和卡片式账簿。

1. 订本式账簿

订本式账簿简称订本账，是在启用前将编有顺序页码的一定数量账页装订成册的账簿。采用订本式账簿能避免账页散失和防止抽换账页，但是由于账页序号和总数已经固定，不能增减，开设账户时，需为每个账户预留账页，在使用中可能出现某些账户预留账页过多，而另外一些账户预留账页不足的情况。另外，采用订本式账簿，同一本账簿在同一时间只能由一个人登记，不便于记账人员分工记账。订本账主要适用于日记账（现金日记账、银行存款日记账）和总分类账。

2. 活页式账簿

活页式账簿简称活页账，是将一定数量的账页置于活页夹内，可根据记账内容的变化而随时增加或减少部分账页的账簿，其优点是可以根据实际需要增减账页，使用灵活，便于分工记账；缺点是容易造成账页散失或被抽换。所以，空白账页使用时必须连续编号，置于账夹中或临时装订成册，并由有关人员在账页上盖章，以防舞弊。活页式账簿一般适用于各种明细账。

3. 卡片式账簿

卡片式账簿，简称卡片账，是将一定数量的卡片式账页存放于专设的卡片箱中，可以根据需要随时增添账页的账簿。卡片账由分散的卡片所组成，将账户所需格式印刷在硬卡上，使用时，应在卡片上连续编号，加盖有关人员印章，置放于卡片箱内，以保证其安全并可以随时取出和放入。卡片账可以跨年度使用，不需要每年更换新账。卡片式账簿通常用于记录内容比较复杂的财产明细账，比如固定资产卡片账、低值易耗品卡片账等。

 想一想

会计账簿与账户的关系？

三、各账簿设置的目的

虽然企业不同，但在建立会计账簿时，设置的现金日记账、银行存款日记账、总分类账、明细分类账等账簿的设置目的是相同的，如表2-9所示。

表2-9　　　　　　　　　　各账簿设置的目的

账簿名称	设置目的
现金日记账、银行存款日记账	通过设置现金日记账和银行存款日记账，可以序时核算现金和银行存款的收入、支出及结存情况，借以加强对货币资金的管理
总分类账	通过设置总分类账，可以分类登记一个单位的全部经济业务，提供资产、负债、所有者权益、费用、成本、收入和利润等总括核算的资料
	总分类账对所属明细分类账起着统驭、控制的作用

续表

账簿名称	设置目的
总分类账	可全面、连续地记录和反映单位的全部经济业务，提供经济活动和财务收支的全部情况
	是编制会计报表的主要依据
明细分类账	通过设置明细分类账，可以分类登记某一类经济业务
	提供有关的明细核算资料，以及单位经济活动和财务收支的详细情况
	有助于加强财产物资的管理，监督往来款项的结算
	其所提供的资料是编制会计报表的重要依据
	是对有关总分类账的补充，起着详细说明的作用
备查账簿	对总分类账、明细分类账、日记账中没有记录或者记录不完整的经济业务活动加以补充登记
	通过设置备查账簿，可以对某些在总分类账、明细分类账以及现金、银行存款日记账等不能记载或记载不全的经济业务进行补充登记，从而可以对某些经济业务的内容提供必要的参考资料
	一般没有固定格式，与其他账簿之间不存在依存和勾稽关系

任务3　会计流程

会计流程就是由凭证开始到编制会计报表这一过程，也叫会计循环。一般的商业会计工作流程是：取得原始凭证→填制会计凭证→月底汇总做科目汇总表→登记总账→然后按制作的会计凭证登记明细账以及库存账→总账和明细账核对→编制财务报表→如果单位是一般纳税人做网上国税申报和地税申报→报完后把留底报表存档（图2-16）。

一、审核原始凭证

外来原始凭证。由业务经办人员在业务发生或者完成时从外单位取得的凭证，如供应单位发货票、银行收款通知等。

自制原始凭证。单位自行制定并由有关部门或人员填制的凭证，如收料单、领料单、工资结算单、收款收据、销货发票、成本计算单等。

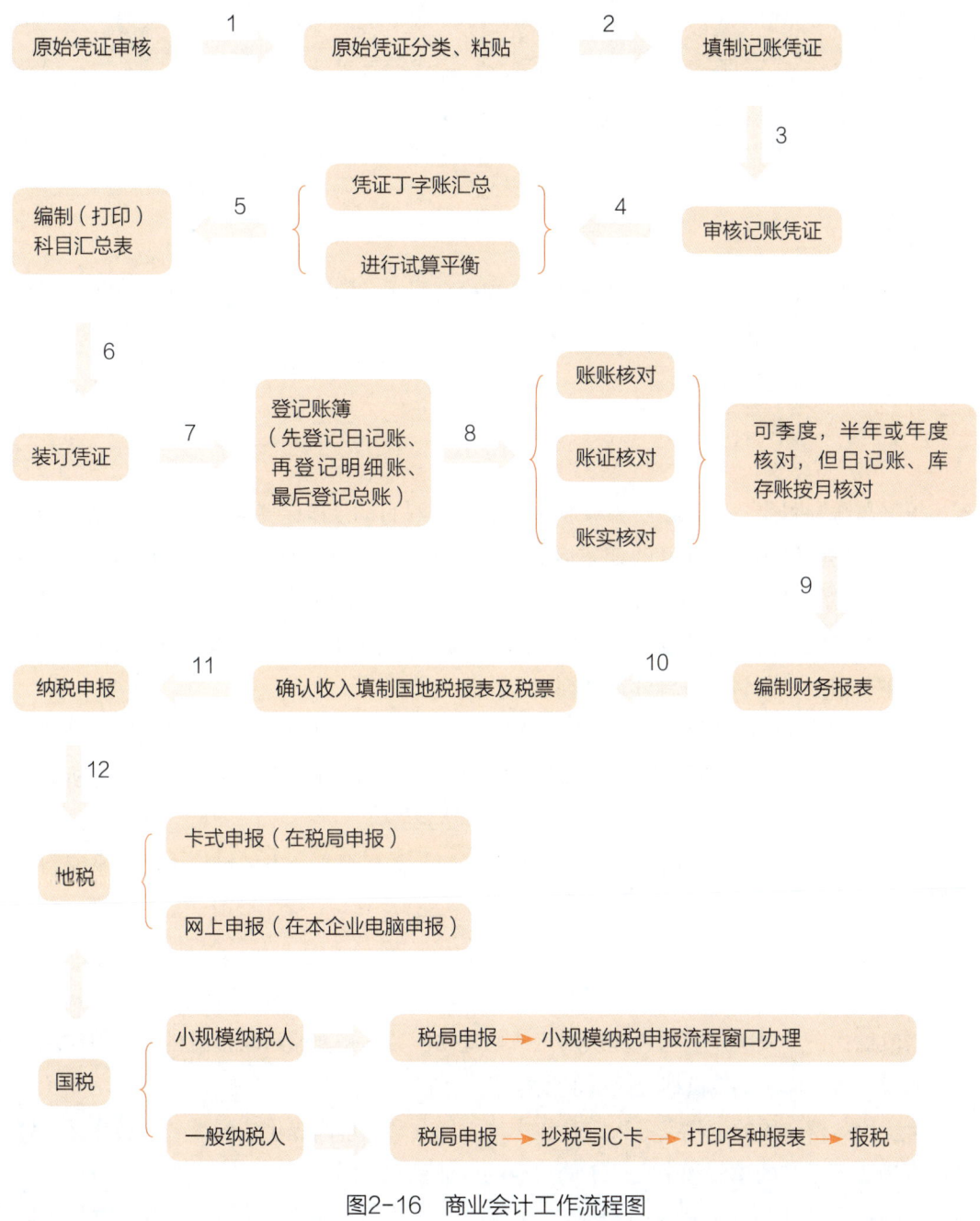

图2-16 商业会计工作流程图

二、填制记账凭证

月底把同类的原始凭证汇总填制记账凭证,也可随时发生随时填,但不要把时间顺序颠倒了。

三、复核

通俗点说，就是看看有没有错误。

四、记账

根据记账凭证登记入账，一般来说，小规模公司必备的账本：现金日记账、银行日记账、总账、三栏明细账。

五、编制会计报表

根据总账科目余额填列。可直接根据有关总账科目的期末余额填列（如应收票据），有些则需根据几个总账科目的期末余额计算填列，如"货币资金"，需根据"库存现金""银行存款""其他货币资金"三个科目的期末余额的合计数填列。

根据明细账科目余额计算填列，如"应付账款"，需根据"应付账款"和"预付账款"相关明细科目的期末贷方余额计算填列。

根据总科目和明细科目余额分析计算填列，如"长期借款"，需根据"长期借款"总账科目余额扣除"长期借款"明细科目中将在一年内到期限的长期借款部分分析计算填列。

备查登记簿记录。会计报表附注中的某些资料，需要根据备查登记簿中的记录编制。

六、纳税申报

增值税：销售或购进货物、提供加工或修理修配劳务是要缴纳增值税的。一般纳税人增值税税率为17%，小规模纳税人增值税税率为3%。

营业税：营业税的纳税义务人，是在中华人民共和国境内提供应税劳务、转让无形资产或者销售不动产的单位和个人。不同行业的营业税率不同。

地税：在营业税的基础上，分别按7%征收的城建税（还有5%、1%，视城市大小而定）和3%的教育费附加和地方教育附加1%（或2%，视城市大小而定）。

所得税：不论是工商业还是服务业，都要按利润缴纳企业所得税，具体征收办法是按照企业所得税申报表的要求，逐项填写收入、成本、费用、支出，算出利润，按照税法的有关规定进行纳税调整，计算出应纳税所得额。所得税税率为25%。

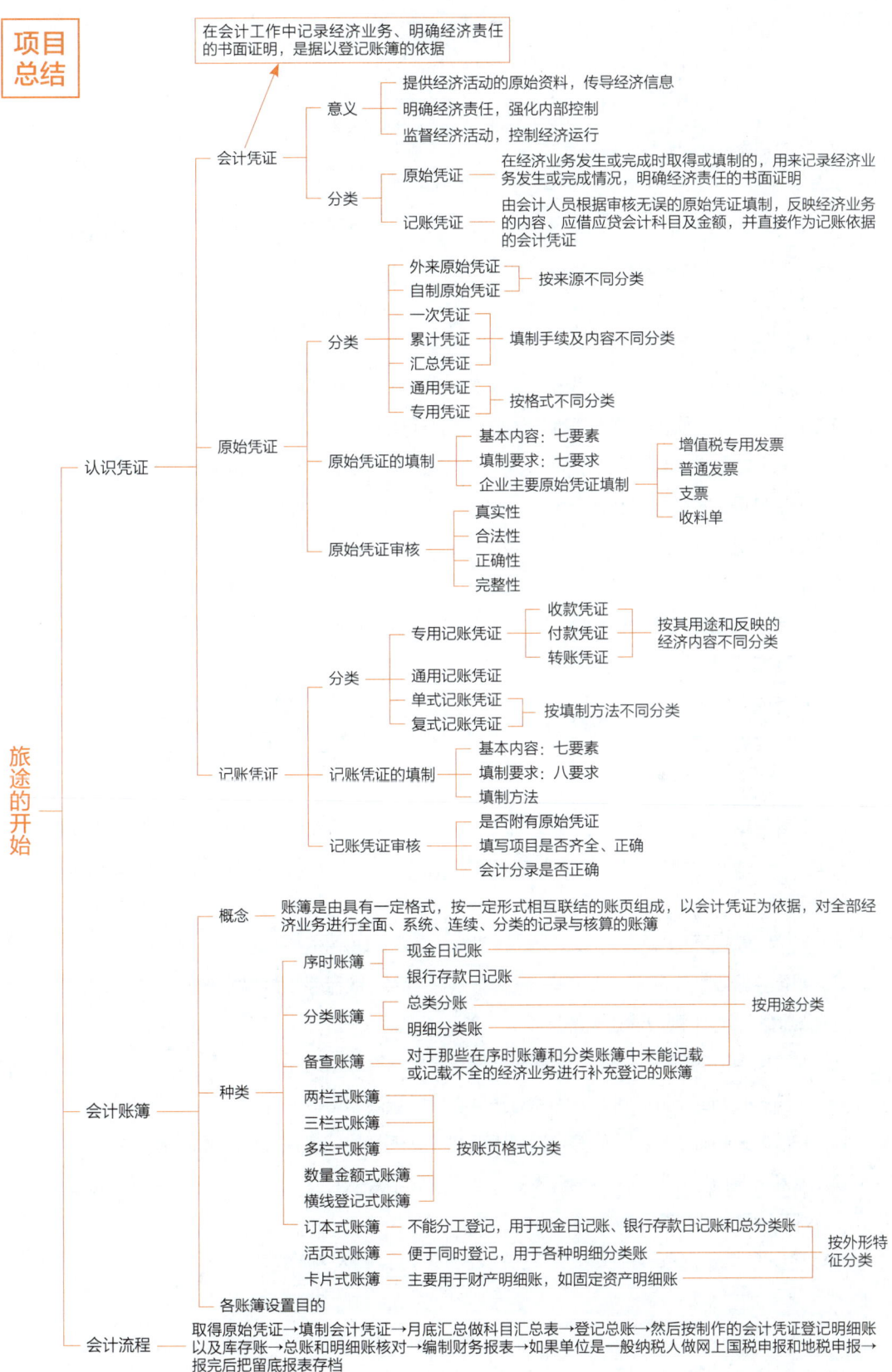

知识巩固

一、单项选择题

1. 会计凭证按（　　）分类，分为原始凭证和记账凭证。
   A. 填制程序和用途　　B. 来源　　C. 填制方法　　D. 反映的内容

2. 下列项目中，属于原始凭证的有（　　）。
   A. 入库单　　B. 生产计划　　C. 购销合同　　D. 银行对账单

3. 下列各项属于一次凭证的有（　　）。
   A. 固定资产卡片　　B. 收料单　　C. 限额领料单　　D. 发料凭证汇总表

4. 在会计实务中，原始凭证按照填制手续的不同，可以分为（　　）。
   A. 外来原始凭证和自制原始凭证
   B. 收款凭证、付款凭证和转账凭证
   C. 一次凭证、累计凭证和汇总凭证
   D. 通用凭证和专用凭证

5. 下列各项中，金额的表示方法正确的是（　　）。
   A. ¥1 006.00
   B. 人民币拾陆元整
   C. 人民币伍拾陆元捌角伍分整
   D. ¥508.0

6. 下列记账凭证中，可以不附原始凭证的是（　　）。
   A. 所有收款凭证
   B. 所有付款凭证
   C. 所有转账凭证
   D. 用于结账的记账凭证

7. 出纳人员付出货币资金的依据是（　　）。
   A. 收款凭证　　B. 付款凭证　　C. 转账凭证　　D. 原始凭证

8. 某企业购入材料一批，已经验收入库，货款3万元用银行存款支付，根据这项业务所填制的会计凭证是（　　）。
   A. 现金收款凭证
   B. 现金付款凭证
   C. 银行存款收款凭证
   D. 银行存款付款凭证

9. 关于账簿分类，下列表述正确的是（　　）。
   A. 账簿按用途的不同，可以分为序时账簿、分类账簿、备查账簿
   B. 账簿按时间的不同，可以分为序时账簿、分类账簿、备查账簿
   C. 按照外形特征的不同，账簿可以分为两栏式、三栏式、多栏式和数量金额式
   D. 账簿按账页格式不同，分为订本账、活页账和卡片账

10. 下列不需要建立备查账簿的是（　　）。
    A. 租入的固定资产
    B. 购入的固定资产
    C. 委托加工材料
    D. 应收票据贴现

二、多项选择题

1. 填制和审核会计凭证的意义有（　　）。
    A. 记录经济业务，提供记账凭证　　　　B. 明确经济责任，强化内容控制
    C. 监督经济活动，控制经济运行　　　　D. 促使企业盈利，提高企业竞争力

2. 原始凭证应具备的基本内容（　　）。
    A. 填制日期　　　　　　　　　　　　　B. 经济业务涉及的会计科目
    C. 经济业务的内容　　　　　　　　　　D. 所附原始凭证的张数

3. 在原始凭证上书写阿拉伯数字，正确的是（　　）。
    A. 所有以元为单位的，一律填写到角分
    B. 无角分的，角位和分位可写"00"，或者符号"-"
    C. 有角无分的，分位应当写"0"
    D. 有角无分的，分位也可以用符号"-"代替

4. 下列各项属于原始凭证填制要求的是（　　）。
    A. 原始凭证必须加盖公章　　　　　　　B. 有大小写的原始凭证，大小写必须相等
    C. 原始凭证的填制要及时　　　　　　　D. 原始凭证的书写要规范

5. 记账凭证按照填制的方法不同，可分为（　　）。
    A. 通用记账凭证　　B. 专用记账凭证　　C. 复式记账凭证　　D. 单式记账凭证

6. 下列项目中，属于记账凭证的有（　　）。
    A. 收款凭证　　　　B. 科目汇总表　　　C. 汇总收款凭证　　D. 转账凭证

7. 记账凭证的填制要求错误的是（　　）。
    A. 记账凭证的书写要求与原始凭证相同
    B. 记账凭证应连续编号
    C. 可以将不同内容和类别的原始凭证汇总填制在一张记账凭证上
    D. 记账凭证由经办人员编制

8. 下列业务中，需要编制付款凭证的有（　　）。
    A. 从银行提现　　　　　　　　　　　　B. 将现金存入银行
    C. 用现金购办公用品　　　　　　　　　D. 收回前欠款项

9. 关于会计账簿，表述正确的是（　　）。
    A. 账簿序时、分类地记载经济业务，是在各个账户中完成的，没有账簿，账户就无法存在
    B. 账簿只是一个外在形式，账户才是它的真实内容；账簿与账户的关系，是形式和内容的关系
    C. 会计账簿是对全部经济业务事项按照会计要素的具体类别而设置的分类账户进行登记的账簿
    D. 账簿的基本内容包括封面、扉页、账页、会计分录

10. 下列关于各种账簿形式优缺点的表述中，正确的是（　　）。
    A. 订本账的优点是能避免账页散失和防止抽换账页

B. 活页账的缺点是不能准确为各账户预留账页，不便于分工记账

C. 活页账的优点是记账时可以根据实际需要，随时将空白账页装入账簿，或抽取不需要的账页，可根据需要增减账页

D. 订本账缺点是如果管理不善，可能会造成账页散失或故意抽取账页

三、判断题

1. 从外单位取得的原始凭证，可以没有公章，但必须有经办人员的签名或盖章。（　　）
2. 只要是真实的原始凭证，就可以以此编制记账凭证。（　　）
3. 在填制记账凭证时，可将不同内容和类别的原始凭证汇总填制在一张记账凭证上。（　　）
4. 一张原始凭证所列支出需要几个单位共同负担的，应当将其他单位承担的部分用复印件提供给其他单位。（　　）
5. 记账凭证的审核和编制不能是同一会计人员。（　　）
6. 记账凭证和原始凭证同属于会计凭证，二者没有什么差别。（　　）
7. 凡是现金或银行存款增加的经济业务必须填制收款凭证，不填制付款凭证。（　　）
8. 发料凭证汇总表是记账凭证。（　　）
9. 对于不真实、不合法的原始凭证，会计人员应要求有关经办人员及财务负责人签字后，再正式办理会计手续。（　　）
10. 记账凭证对经济业务的发生和完成有证明效力。（　　）

四、简答题

1. 会计凭证有哪些种类？
2. 原始凭证应具备哪些内容？
3. 填制原始凭证应符合哪些基本要求？
4. 审核原始凭证的主要内容有哪些？
5. 记账凭证应具备哪些内容？填制记账凭证有哪些具体要求？
6. 如何审核记账凭证？
7. 各账簿设置的目的有哪些？

技能训练

一、练习填制原始凭证

永乐公司2017年3月发生以下经济业务，根据所给业务内容，填制相应的原始凭证。

1. 3月5日，从银行提取现金3 000元备用。

支票存根	中国工商银行 现金支票 No:0022584
No:0022584 科　　目 对方科目 出票日期：　年　月　日 收款人：_____ 金　额：_____ 用　途：_____ 单位主管　　会计	本支票付款期限十天 出票日期（大写）　　　年　月　日　　付款行名称： 收款人：　　　　　　　　　　　　　　　出票人账号： 人民币（大写）　亿 千 百 十 万 千 百 十 元 角 分 用途_____ 上列款项请从　　　　　　　科目（借） 我账户内支付　　　　　　　对方科目（贷） 出票人签章　　　　　　　　付讫日期　年　月　日 　　　　　　　　　　　　　　复核　　　记账

2. 3月15日，销售A产品一批给山东兴化装饰有限公司，数量20吨，单价150元/吨，价款3 000元，增值税税额510元，价税合计3 500元，开出增值税专用发票一式四联，对方以转账支票办理结算。请填制增值税专用发票。（其中购货单位：山东兴化装饰有限公司；纳税识别号：13010456088879；地址：淄博市联通路131号；电话：87654231；开户行及账号：建设银行联通路支行，20-57468241。销货单位：永乐公司；纳税识别号：380102639558781；地址：烟台市滨海路102号；电话：34567121；开户行及账号：工行烟台支行，333444555）

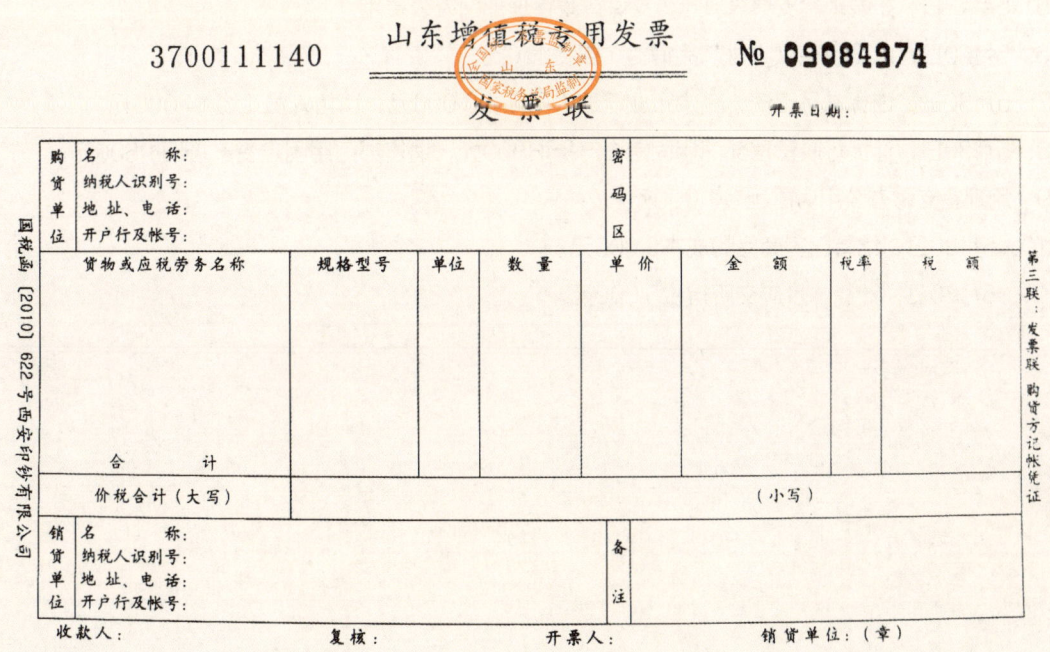

3. 3月20日，上月购入长春华光有限公司的材料到达，办理验收入库手续，收到板材10吨，单价每吨100元。请填制收料单。

收 料 单

供货单位：　　　　　　　　　　　　　　年　月　日　　　　　　　　　　发票号：

材料类别	材料名称	规格材质	计量单位	应收数量	实收数量	单价	金额							
							十	万	千	百	十	元	角	分
检验结果		检验员签章：			合计									
备注														

仓库：　　　　　　　　　　　材料会计：　　　　　　　　　　　收料员：

二、练习编制记账凭证

永乐公司2017年5月份发生如下经济业务，请根据经济业务编制记账凭证，并指明所用记账凭证的类别：

1. 5月5日，收到投资者追加投资50 000元，存入银行。
2. 5月8日，采购员李东预借差旅费500元，以现金付讫。
3. 5月10日，从银行提现金2 000元备用。
4. 5月12日，向光明公司销售甲产品一批，货款10 000元，增值税1 200元，尚未收到。
5. 5月13日，签发现金支票200元，支付行政管理部门办公费用。
6. 5月20日，以银行存款支付产品销售广告费450元。
7. 5月30日，结算本月工资，其中企业管理人员工资6 000元，销售人员工资14 000元。
8. 5月30日，计提行政管理部门用固定资产折旧800元，销售部门用固定资产折旧1 500元。
9. 用现金支付办公用房屋租金1 000元。
10. 5月30日，结转已售商品的成本6 000元。
11. 5月30日，计算本月应交所得税5 000元。

项目三　旅途中的成长

学习目标

项目一中我们初步学习了借贷记账法，本项目重点学习借贷记账法的应用，通过对企业主要经济业务事项的分析，运用借贷记账法对其进行账务处理。通过本项目的学习，学生应该做到以下几点：

1. 熟悉资金筹集及投资业务核算设置的主要账户，掌握资金筹集及投资业务的核算内容，能够运用借贷记账法编制资金筹集及投资业务的会计分录。
2. 熟悉商品流转业务核算设置的主要账户，掌握商品流转业务的核算内容，能够运用借贷记账法编制批发商品流转业务、零售商品流转业务的会计分录。
3. 熟悉期间费用、两个收支核算设置的主要账户，掌握期间费用、两个收支的核算内容，能够运用借贷记账法编制期间费用、两个收支业务相应的会计分录。
4. 熟悉利润形成与分配核算设置的主要账户，掌握利润形成与分配的核算内容，能够运用借贷记账法编制利润形成与分配业务的会计分录。

案例导入

大鹏开公司

大鹏在实习过程中发现自己很想创业做点事情，为实现自己的梦想开始了创业的第一步——开公司。说到开公司，许多人都"头大"，上网站查需准备的资料，眼花缭乱；到服务大厅咨询，虽然头头是道，但回到公司又不知道如何办理？如何简单高效、少跑腿地把开公司的事情办完呢？首先，要做好准备工作。

1．起好名称

根据工商办理经验，注意以下事项：（1）格式：××（市）+字号（名称）+行业+组织形式。（2）在本行政区域内名称唯一。（3）一般要准备3~5个名称，以应对同名。

2．备齐材料

（1）公司法定代表人签署的《公司设立登记申请书》。（2）全体股东签署的《指定代表或者共同委托代理人的证明》。（3）全体股东签署的公司章程。（4）股东的主体资格证明或者自然人身份证明复印件。（5）股东首次出资是非货币财产的，提交已办理财产权转移手续的证明文件。（6）董事、监事和经理的任职文件及身份证明复印件。（7）法定代表人任职文件及身份证明复印件。（8）住所使用证明（租房合同）。（9）《企业名称预先核准通知书》。（10）法律、行政法规和国务院决定规定设立有限责任公司必须报经批准。

做好准备工作后，只需三个阶段就可搞定：

第一阶段：熟悉流程

归纳整个公司开办的流程，除了需要行政许可的行业外，无外乎以下三步：核名称、交材料、办税务。

第二阶段：工商注册

1．核名称

（1）如果当地政务信息化水平高，这个工作登录工商局网站就可完成。（2）到当地政务服务大厅工商窗口办理。

2．交材料

名称核准后，将备齐材料交当地政务服务中心工商窗口（注意相应的股东会决议、董事会决议要准备清楚，否则要多跑腿）。材料准确无误地交进工商局，接下来就等着：（1）领执照。（2）刻公章（行政章、合同章、财务章）。

3．办税务（银行开户）

办理税务登记和银行开户是相互关联的，在办理时要计划好先后和备齐材料，否则会多跑腿。

第三阶段：公司开业

谋愿景，立使命，设目标。如果要开一个像马云、任正非一样伟大的公司，那一定要响亮喊出公司的愿景、使命、目标。

搭班子、定战略、带队伍。可以学学中国企业教父柳传志先生，一个伟大公司说不定就这样产生了……

相关知识

任务1　公司开业

一、学会建账

一个公司开业，要从建账开始，即设置账户，并建立相应的各种账簿。建账是指会计人员根据会计法规、制度的规定，结合企业具体行业要求和将来可能发生的会计业务情况，确定账簿种类、格式、内容及登记方法的过程。

（一）建账应考虑的问题

建账看似一个非常简单的问题，但从建账过程中可以看出一个会计人员的业务能力，或对企业经济活动情况的熟悉程度，所以如何根据企业情况建账非常重要。无论何种类型的企业，在建账时都要考虑以下问题。

1. 与企业业务量相适应

企业规模与业务量是成正比的，规模大的企业，业务量大，分工也复杂，会计账簿需要的品种也多；企业规模小，业务量也小，会计账簿品种也少。有的企业，一个会计可以处理所有经济业务，就没有必要设置许多种类的账簿，所有的明细账可以合成一两本就可以了。

2. 依据企业管理需要

建立账簿是为了满足企业管理的需要，为管理提供有用的会计信息，所以在建账时应以满足管理需要为前提，避免重复设账、记账。

3. 依据账务处理程序

企业业务量的大小不同，所采用的账务处理程序也不同。企业一旦选择了账务处理程序，也就选择了账簿的设置，如果企业采用的是记账凭证账务处理程序，企业的总账就要根据记账凭证序时登记，就需要一本序时登记的总账。

你知道吗

企业建账的意义

- 通过建账，可以对经济业务进行序时和分类核算，将核算资料加以系统化，全面、系统地提供有关财务状况、经营成果和明细资料，为正确地计算费用、成本和收入、利润奠定了基础

- 通过建账，可以反映一定时期的资金来源与运用情况，有助于保护单位财产物资的安全完整，便于单位进行经济活动分析

- 通过建账，可以分门别类地对经济业务进行归集，积累一定时期的会计资料，为编制会计报表提供数据资料

（二）建账时需购置的账簿

不同的企业在建账时所需要购置的账簿是不相同的，总体讲要依企业规模、经济业务的繁简程度、会计人员的多少、采用的核算形式及电子化程度来确定。无论何种企业，都存在货币资金核算问题，现金日记账和银行存款日记账都必须设置；另外还需设置相关的总账和明细账，需要注意的是明细账有许多种账页格式，要根据需要选择合适的种类。一个企业刚成立时，一定要去会计用品商店购买相关账簿和账页。

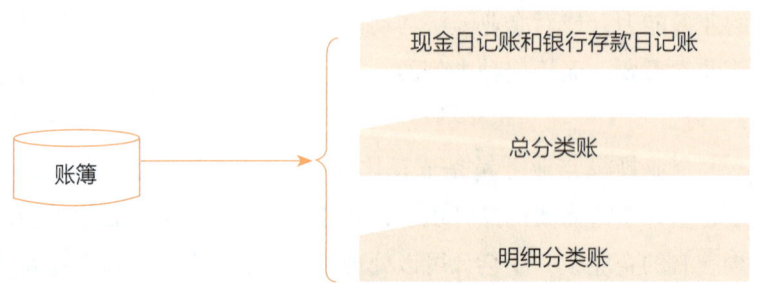

图3-1　一般建账时需购置的账簿

1. 现金日记账和银行存款日记账

由于任何企业都存在着货币资金核算问题，因此任何企业的现金和银行存款日记账都必须设置且一般采用订本账的格式。一般情况下，企业会计人员在购买账簿时这两种账本都要购买一本。但如果企业开立两个以上的银行存款账号，那么账本的需要量要视企业的具体情况确定了。账簿开启后，会计人员应该根据企业第一笔现金来源和银行存款来源登入现金日记账和银行存款日记账。

2. 总分类账账簿

企业可以根据业务量的多少购买一本或几本总分类账（一般情况下是无须一个科目设一本总账的），然后根据企业涉及的业务和涉及的会计科目设置总账。原则上讲，只要是企业涉及的会计科目就要有相应的总账账簿（账页）与之相对应。会计人员应估计每一种业务量的大小，将每一种业务用口取纸分开，并在口取纸上写明每一种业务的会计科目名称，以便在登记时能够及时找到应登记的账页。

另外，在分页使用总账时，如果总账账页从第1页到第10页登记现金业务，就在目录中清楚记载"现金……1–10"，并且在总账账页的第1页贴上口取纸，口取纸上写明"现金"；第11页到第20页为银行存款业务，就在目录中清楚记载"银行存款……11–20"，并且在总账账页的第11页贴上写有"银行存款"的口取纸，以此类推，这样总账就建好了。

3. 明细分类账账簿

企业对明细分类账的设置与前两者相比有所不同，是根据企业自身管理需要和外界各部门对企业信息资料的需要来设置的。一般而言，企业需要设置以下几种明细分类账（图3–2）。

由于企业的性质不同，所要设置的明细分类账也会有所不同。因此，企业可根据自身的需要增减明细账的设置。日常根据原始凭证、汇总原始凭证及记账凭证登记各种明细账。明细账无论按怎样的方法分类，各个账户明细账的期末余额之和均应与其总账的期末余额相等。

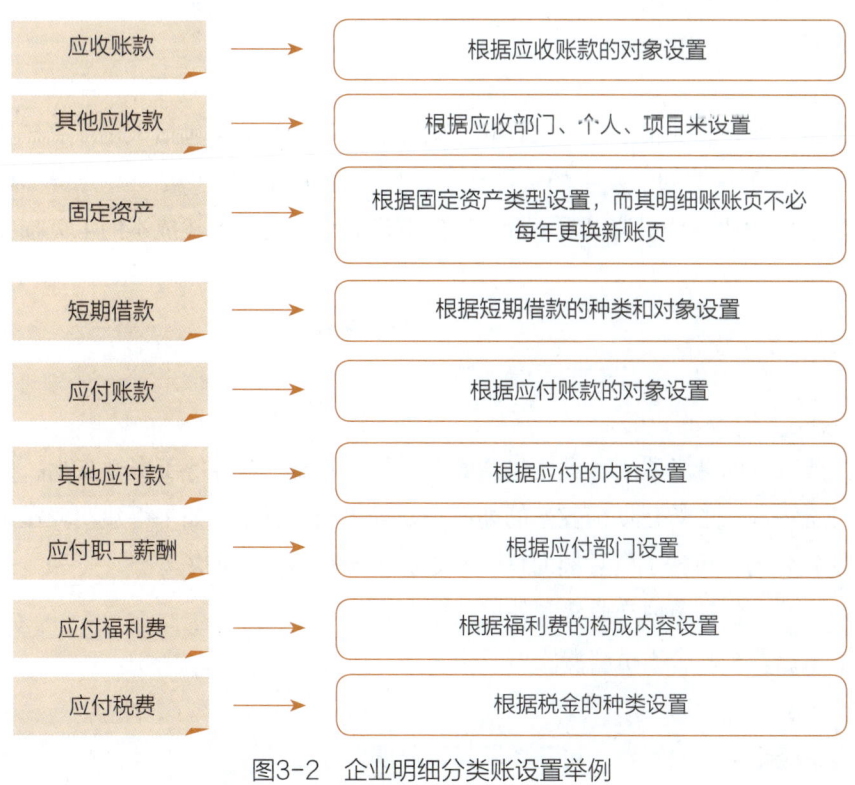

图3–2　企业明细分类账设置举例

> **职场小技巧**　**建账三部曲**
>
> 　　一般根据企业的具体行业和具体情况来建账，刚开始别建多了，以后随着业务的发展，逐渐补充。
>
> 　　第一步，写封面。翻开账簿第一页，把这页该填的都填写全了就行了。
>
> 　　第二步，过余额。老企业按照去年结转的做上年结转就行了，也就是在账页最上一行盖个"上年结转"的章，在余额那栏抄写上年的数。如果是新账，此步省略。
>
> 　　第三步，建总账。总账就是会计科目大集合。老企业按照上年的照抄就行了，新成立企业按会计科目及编号的顺序写总账目录，把最常用的会计科目写上去。每个会计科目4页足够了，新起的页码最好安排在单页，就是翻开一页账本的左手边。

你知道吗

　　各单位必须按照《中华人民共和国会计法》和国家统一会计制度的规定设置账簿，包括总账、明细账、日记账和其他辅助性账簿，不允许不建账，不允许在法定的会计账簿之外另外建账。

二、开办费的账务处理

　　开办费指企业在企业批准筹建之日起，到开始生产、经营（包括试生产、试营业）之日止的期间（即筹建期间）发生的费用支出，包括筹建期人员工资、办公费、培训费、差旅费、印刷费、注册登记费以及不计入固定资产和无形资产购建成本的汇兑损益和利息支出。

（一）开办费的列支范围

1．筹建人员开支的费用

　　（1）筹建人员的劳务费用，具体包括筹办人员的工资、奖金等工资性支出，以及应缴纳的各种社会保险。在筹建期间发生的如医疗费等福利性费用，如果筹建期较短可据实列支，筹建期较长的，可按工资总额的14%计提职工福利费予以解决。

　　（2）差旅费，包括市内交通费和外埠差旅费。

　　（3）董事会费和联合委员会费。

2．企业登记、公证的费用

　　主要包括登记费、验资费、税务登记费、公证费等。

3．筹措资本的费用

主要是指筹资支付的手续费以及不计入固定资产和无形资产的汇兑损益和利息等。

4．人员培训费

（1）引进设备和技术需要消化吸收，选派一些职工在筹建期间外出进修学习的费用。

（2）聘请专家进行技术指导和培训的劳务费及相关费用。

5．企业资产的摊销、报废和毁损

6．其他费用

（1）筹建期间发生的办公费、广告费、交际应酬费。

（2）印花税。

（3）经投资人确认由企业负担的进行可行性研究所发生的费用。

（4）其他与筹建有关的费用，例如资讯调查费、诉讼费、文件印刷费、通讯费以及庆典礼品费等支出。

你知道吗

不列入开办费范围的支出：

（1）取得各项资产所发生的费用。包括购建固定资产和无形资产时支付的运输费、安装费、保险费和购建时发生的相关人工费用。

（2）规定应由投资各方负担的费用。如投资各方为筹建企业进行的调查、洽谈发生的差旅费、咨询费、招待费等支出。我国政府还规定，中外合资进行谈判时，要求外商洽谈业务所发生的招待费用不得列作企业开办费，由提出邀请的企业负担。

（3）为培训职工而购建的固定资产、无形资产等支出不得列作开办费。

（4）投资方因投入资本自行筹措款项所支付的利息，计入开办费，应由出资方自行负担。

（5）以外币现金存入银行而支付的手续费，该费用应由投资者负担。

（二）账户设置

企业通常设置"管理费用"账户对开办费业务进行核算。"管理费用"属于损益类账户，用以核算企业在筹建期间发生的开办费（除开办费外，企业为组织和管理生产经营活动所发生的其他各种费用将在后面章节阐述）。该账户可按费用项目设置明细分类账户，进行明细核算。

该账户的借方登记发生的各项管理费用，贷方登记期末转入"本年利润"账户的管理费用。期末结转后，该账户无余额。

（三）账务处理

现在公司的一切手续都办完了，也建完账了，接下来开始处理账务。新会计准则规范了开办费的账务处理程序,即开办费首先在"管理费用"科目核算,然后计入当期损益,不再按照摊销处理。即企业在筹建期间内发生的开办费,包括人员工资、办公费、培训费、差旅费、印刷费、注册登记费以及不计入固定资产成本的借款费用等在实际发生时,借记"管理费用——开办费"账户,贷记"银行存款"等账户。

情景案例1

大鹏创办的木子公司于2017年1月份开始营业,从2016年7月到2016年12月期间发生人员工资、办公费、培训费、差旅费、注册登记费等共计80 000元整。

🔍 工作分析

该项经济业务的发生,一方面使公司的管理费用增加80 000元,应计入"管理费用"账户的借方;另一方面使公司的银行存款减少80 000元,应计入"银行存款"账户的贷方。

▶ 工作成果

对相关的原始凭证审核无误后,编制会计分录如下:

借:管理费用　　　80 000
　　贷:银行存款　　　80 000

三、资金筹集与投资业务的账务处理

公司必须拥有一定数量的经营资金才能独立地进行生产经营活动,资金筹集是企业资金运动的起点。公司的资金筹集业务按其资金来源通常分为所有者权益筹资(所有者投入资本)和负债筹资(向债权人借入资本)。

(一)核算内容

1. 资金筹集业务的核算内容

(1)所有者投入资本。《中华人民共和国公司法》规定,设立企业必须有法定的资本,它是保证企业正常经营的必要条件。资本是指所有者认缴的,经工商行政管理部门核准并注册登记的投资总额。所有者投入资本,按其投资主体不同分为国家资本、法人资本、外商资本和个人资本,构成所有者权益的主要部分。

所有者向公司投入的资本,在一般情况下无须偿还,可供公司长期周转使用。《企业法人登记管理条例》规定:企业申请开业,必须具备国家规定的与其生产经营和服务规模相适应的资金。所有者可以以货币资金、实物资产和无形资产等方式对企业进行投资(无形资产投资必须在国家规定的比例范围以内)。企业收到的以实物形式投资的,应按投资合同或协议约定的价值确定非现金资产的成本,但合同或协议约定价值不公允的除外。

（2）向债权人借入资本。公司企业在经营过程中，为了弥补经营周转资金的不足，或是为了购进或建造固定资产，扩大公司的经营规模，经常需要向银行或其他金融机构等债权人借入资本，从而形成企业的负债。公司的借入资本，按照偿还期限的长短，分为短期借款和长期借款。公司借入的各种款项应按规定的用途使用，按期归还本金并支付利息。

公司向银行或其他金融机构等借入的款项，偿还期限在一年（或超过一年的一个营业周期）以内的借款称为短期借款，属于流动负债。短期借款必须按期还本付息，发生的利息费用应作为财务费用，计入当期损益，并在会计上按不同情况分别处理。偿还期在一年（或超过一年的一个营业周期）以上的借款称为长期借款，属于非流动负债。长期借款发生的利息费用，通常按照借款用途的不同作不同的处理。用于公司经营需要的长期借款，在到期偿还本息的情况下，按照权责发生制基础，应在每年年末时计算当年的借款利息，通常作为财务费用处理。

2. 投资业务的核算内容

在保证公司正常的经营活动资金需要的同时，可以利用筹集到的或经营中暂时闲置不用的资金，进行对外投资。公司的投资业务按照投资期限的不同，可以分为短期投资和长期投资；按照投资的性质不同，可以分为股权投资和债权投资。我们只简要介绍划分为交易性金融资产的短期股票投资业务的核算，主要包括股票的购入、交易费用的发生、持有期间取得的现金股利的处理、期末计价和股票的出售等。

（二）账户设置

企业通常设置"银行存款""固定资产""无形资产""实收资本""短期借款""长期借款""应付利息""财务费用"等账户对企业资金筹集业务进行核算；设置"交易性金融资产""公允价值变动损益""应收股利""投资收益"等账户对企业交易性金融资产的短期股票投资业务进行核算。

1. 接受投资者的投资

（1）"银行存款"账户。"银行存款"属于资产类账户，用以核算企业存入银行或其他金融机构的各种款项。该账户的借方登记企业银行存款的增加数，贷方登记企业银行存款的减少数；期末余额在借方，反映企业存在银行或其他金融机构的各项款项。该账户可按币种或银行户名设置明细分类账户，进行明细核算。

（2）"固定资产"账户。"固定资产"属于资产类账户，用以核算和监督企业持有的固定资产原始价值的增减变动和结余情况。该账户的借方登记企业取得固定资产原始价值的增加，贷方登记固定资产原始价值的减少；期末余额在借方，反映企业期末固定资产的原始价值。该账户可按固定资产类别和项目设置明细分类账户，进行明细核算。

（3）"无形资产"账户。"无形资产"属于资产类账户，用以核算企业持有的无形资产成本。该账户的借方登记增加无形资产的成本，贷方登记减少无形资产的成本；期末余额在借方，反映企业期末无形资产的成本。该账户可按无形资产项目设置明细分类账户，进行明细核算。

（4）"实收资本"账户。"实收资本"属于所有者权益类账户，用以核算企业投资人投入资本的增减变动及其结余情况。当企业收到投资者投入的资金超过其在注册资本中所占的份额，则其超过部分的资金作为资本溢价或股本溢价，在"资本公积"账户中核算。

该账户的贷方登记企业实际收到投资人作为资本投入的货币资金、房屋建筑物、机器设备、材料物资等实物资产以及无形资产的投资额；借方登记按法定程序报经批准减少的注册资本的金额；期末余额在贷方，反映企业实收资本总额。该账户可按投资者设置明细分类账户，进行明细核算。

2. 从金融机构借入款项

（1）"短期借款"账户。"短期借款"属于负债类账户，用以核算和监督企业向银行或其他金融机构等借入的期限在一年以下（含一年）的各种借款。该账户的贷方登记企业借入的各种短期借款的本金数额，借方登记企业归还的短期借款的本金数额；期末余额在贷方，反映企业尚未偿还的短期借款的本金数额。该账户可按借款种类、贷款人和币种设置明细分类账户，进行明细核算。

（2）"长期借款"账户。"长期借款"属于负债类账户，用以核算和监督企业向银行或其他金融机构等借入的期限在一年以上（不含一年）的各种借款。该账户的贷方登记企业借入的各种长期借款的本金及利息，借方登记企业归还的各种长期借款的本金及利息；期末余额在贷方，反映企业尚未偿还的长期借款的本金及利息。该账户可按贷款种类设置明细分类账户，进行明细核算。

（3）"应付利息"账户。"应付利息"属于负债类账户，用以核算企业按照合同约定应支付的利息，包括吸收存款、分期付息到期还本的长期借款、企业债券等应支付的利息。该账户的贷方登记按合同利率计算确定的应付而未付的利息数额，借方登记实际支付的利息数额；期末余额一般在贷方，反映企业应付而未付的利息。该账户可按债权人设置明细分类账户，进行明细核算。

（4）"财务费用"账户。"财务费用"属于损益类账户，用以核算企业为筹集经营所需资金等而发生的筹资费用，包括利息支出（减利息收入）、汇兑损益及相关手续费。该账户的借方登记企业实际发生的各项财务费用，贷方登记期末转入"本年利润"账户借方的本期财务费用；期末结转后，该账户应无余额。该账户可按费用项目设置明细分类账户，进行明细核算。

3. 公司对外投资

（1）"交易性金融资产"账户。"交易性金融资产"属于资产类账户，用以核算企业为交易目的所持有的债券投资、股票投资、基金投资等交易性金融资产的公允价值。企业持有的直接指定为以公允价值计量且其变动计入当期损益的金融资产也在"交易性金融资产"账户内核算。该账户的借方登记交易性金融资产的取得成本、资产负债表日其公允价值高于账面余额的差额等，贷方登记资产负债表日其公允价值低于账面余额的差额，以及企业出售交易性金融资产时结转的成本和公允价值变动损益；期末余额在借方，反映企业持有的交易性金融资产的公允价值。该账户可按交易性金融资产的类别和品种设置明细分类账户，进行明细核算。

（2）"公允价值变动损益"账户。"公允价值变动损益"属于损益类账户，用以核算企业交易性金融资产等公允价值变动形成的应计入当期损益的利得和损失。该账户的贷方登记资产负债表日企业持有的交易性金融资产等的公允价值高于账面价值的差额，借方登记资产负债表日企业持有的交易性金融资产等的公允价值低于账面价值的差额；期末应将本账户余额转入"本年利润"账户，结转后该账户应无余额。

（3）"应收股利"账户。"应收股利"属于资产类账户，用以核算企业应收取的现金股利和应收取其他单位分配的利润。该账户的借方登记企业应收取的现金股利或利润，贷方登记企业收回的现金股利或利润；期末余额在借方，反映企业尚未收回的现金股利或利润。

（4）"投资收益"账户。"投资收益"属于损益类账户，用以核算企业确认的投资收益或投资损失。该账户的贷方登记企业取得的投资收益，借方登记企业发生的投资损失；期末应将本账户余额转入"本年利润"账户，结转后该账户应无余额。

（三）账务处理

1. 接受现金资产投资

除股份有限公司以外的公司接受货币资金投资，应该按照实际收到或者存入企业开户银行的金额借记"银行存款"账户，按照双方约定的份额贷记"实收资本"账户，两者之间的差额应当计入"资本公积——资本溢价"账户。

情景案例2

木子公司于2017年1月1日成立，注册资本800 000元，当日收到北京蓝星有限责任公司（以下简称蓝星公司）投入资本人民币100 000元，款项已存入银行。

🔍 **工作分析**

该项经济业务的发生，一方面使公司的银行存款增加100 000元，应计入"银行存款"账户的借方；另一方面使蓝星公司对木子公司的投资也增加100 000元，应计入"实收资本"账户的贷方。

▶ **工作成果**

对相关的原始凭证审核无误后，根据出资证明和银行进账单，编制会计分录如下：

```
借：银行存款                    100 000
    贷：实收资本——蓝星公司        100 000
```

情景案例3

2017年1月20日，木子公司收到光明公司投资200 000元，款项已存入银行。根据协议，光明公司投入资本占木子公司注册资本总额的比例为20%（木子公司注册资本800 000元）。

🔍 工作分析

该项经济业务的发生，一方面使公司的银行存款增加200 000元，应计入"银行存款"账户的借方；另一方面使光明公司对木子公司的投资也增加200 000元，应计入"实收资本""资本公积"账户的贷方。

▶ 工作成果

对相关的原始凭证审核无误后，根据出资证明和银行进账单，编制会计分录如下：

```
借：银行存款                    200 000
    贷：实收资本——光明公司        160 000
        资本公积——资本溢价         40 000
```

2．接受非现金资产投资

公司接受以固定资产、原材料、无形资产等方式投入的资本，应按照投资合同或协议约定价值确认接受的非现金资产的价值（投资合同或协议约定价值不公允的除外），并确定在注册资本中应该享有的份额。借记相应的资产类账户，按照应享有的份额贷记"实收资本"账户，两者之间的差额计入"资本公积——资本溢价"账户。

情景案例4

2017年3月5日，木子公司收到甲公司作为投入资本的不需要安装的全新机器设备一台，双方协议价值150 000元（假定与公允价值相符）。

🔍 工作分析

该项经济业务的发生，一方面使木子公司的固定资产原值增加150 000元，应计入"固定资产"账户的借方；另一方面使甲公司对木子公司的投入资本增加150 000元，应计入"实收资本"账户的贷方。

▶ 工作成果

对相关的原始凭证审核无误后，根据出资证明和固定资产交接单，编制会计分录如下：

```
借：固定资产                    150 000
    贷：实收资本——甲公司          150 000
```

情景案例5

2017年4月15日,木子公司收到乙公司作为投入资本的专利权一项,双方协商确认的价格为100 000元,符合无形资产出资比例规定。

🔍 工作分析

该项经济业务的发生,一方面使木子公司的无形资产增加100 000元,应计入"无形资产"账户的借方;另一方面使乙公司对木子公司的投入资本增加100 000元,应计入"实收资本"账户的贷方。

▶ 工作成果

对相关的原始凭证审核无误后,根据出资证明单等,编制会计分录如下:

借:无形资产　　　　　　　　100 000
　　贷:实收资本——乙公司　　　100 000

3. 短期借款业务

企业从银行或其他金融机构取得短期借款时,借记"银行存款"账户,贷记"短期借款"账户;企业短期借款到期偿还本金时,借记"短期借款"账户,贷记"银行存款"账户。

企业发生的短期借款利息一般采用月末预提的方式进行核算。短期借款利息属于筹资费用应计入"财务费用"账户。企业应当在资产负债表日按照计算确定短期借款利息费用,借记"财务费用"账户,贷记"应付利息"账户。实际支付利息时,如果支付的是已经计提的利息,借记"应付利息"账户,贷记"银行存款"账户。如果支付的是尚未计提的利息,借记"财务费用"账户,贷记"银行存款"账户。

情景案例6

2017年5月1日,木子公司因经营管理的临时需要向中国银行借款20 000元,已存入银行,借款期限为3个月。该笔借款年利率为4.5%,下月月初支付利息。

🔍 工作分析

该项经济业务的发生,一方面使木子公司的银行存款增加20 000元,应计入"银行存款"账户的借方;另一方面使木子公司的短期借款增加20 000元,应计入"短期借款"账户的贷方。

▶ 工作成果

对相关的原始凭证审核无误后,根据银行送来的收款通知和银行借款特种传票,编制会计分录如下:

借:银行存款　　　　　　　　20 000
　　贷:短期借款——中国银行　　20 000

情景案例7

2017年5月31日,木子公司计提本月短期借款利息75元。

🔍 工作分析

该项经济业务的发生,一方面使木子公司的财务费用增加75元,应计入"财务费用"账户的借方;另一方面使木子公司应付而未付的利息增加75元,应计入"应付利息"账户的贷方。

▶ 工作成果

对相关的原始凭证审核无误后,根据借款利息计算单,编制会计分录如下:

借:财务费用——利息费用　　75
　　贷:应付利息——中国银行　　75

6月末,按月计提当月借款利息,同5月的会计处理。

情景案例8

2017年7月31日,木子公司以银行存款支付3个月的利息共计225元。

🔍 工作分析

木子公司在7月末支付了短期借款利息225元,其中5月和6月的借款利息已经计提(150元),属于企业应付而未付利息的减少,而7月份的借款利息(75元),应当直接计入当期财务费用。

该项经济业务的发生,一方面使木子公司应付而未付的利息减少150元,应计入"应付利息"账户的借方,同时使木子公司的财务费用增加75元,应计入"财务费用"账户的借方;另一方面使木子公司的银行存款减少225元,应计入"银行存款"账户的贷方。

▶ 工作成果

对相关的原始凭证审核无误后,根据银行利息结算单等,编制会计分录如下:

借:应付利息——中国银行　　150
　　财务费用——利息费用　　75
　　贷:银行存款　　225

情景案例9

2017年7月31日,木子公司以银行存款按时归还短期借款本金20 000元。

🔍 工作分析

该项经济业务的发生,一方面使木子公司短期借款减少20 000元,应计入"短期借款"账户的借方;另一方面使木子公司的银行存款减少20 000元,应计入"银行存款"账户的贷方。

> **工作成果**

对相关的原始凭证审核无误后,根据银行送来的付款通知,编制会计分录如下:
借:短期借款——中国银行　　20 000
　　贷:银行存款　　　　　　　　　20 000

4. 长期借款业务

按照付息方式与本金的偿还方式,可将长期借款分为分期付息到期还本的长期借款和到期一次还本付息的长期借款。企业借入长期借款,按实际收到的金额,借记"银行存款"账户,贷记"长期借款——本金"账户。企业归还长期借款的本金时,按应归还的金额,借记"长期借款——本金"账户,贷记"银行存款"账户。

长期借款利息费用应当在资产负债表日按照实际利率法计算确定,实际利率与合同利率差异较小的,也可以采用合同利率计算确定利息费用。长期借款利息费用应当按照权责发生制核算,同时确认"应付利息"或者"长期借款——应计利息"账户,如果是分期付息到期还本的长期借款,贷记"应付利息"账户;如果是到期一次还本付息的长期借款,贷记"长期借款——应计利息"账户。

情景案例10

2017年1月1日,木子公司因经营管理需要向中国建设银行借款300 000元,已存入银行,借款期限为5年。该笔借款年利率为6%,到期偿还本息。

> **工作分析**

该项经济业务的发生,一方面使木子公司的银行存款增加300 000元,应计入"银行存款"账户的借方;另一方面使木子公司的长期借款增加300 000元,应计入"长期借款"账户的贷方。

> **工作成果**

对相关的原始凭证审核无误后,根据银行送来的收款通知和银行借款特种传票,编制会计分录如下:
借:银行存款　　　　　　　　　　　　300 000
　　贷:长期借款——本金(中国建设银行)　300 000

情景案例11

2017年12月31日,木子公司计算长期借款年利息共计18 000元。

> **工作分析**

用于企业经营管理需要的长期借款,在到期偿还本息的情况下,根据权责发生制,应在每年年末计算当年的借款利息,应在"财务费用"账户核算。同时年末计算的长期借款利息,由于并未实际支付,因此增加了企业的长期负债,应在"长期借款"账户核算。

该项经济业务的发生，一方面使木子公司的财务费用增加18 000元，应计入"财务费用"账户的借方；另一方面使木子公司的长期借款增加18 000元，应计入"长期借款"账户的贷方。

> 工作成果

对相关的原始凭证审核无误后，根据借款利息计算单，编制会计分录如下：

借：财务费用——利息费用　　18 000
　　贷：长期借款——应计利息　　18 000

第二年年末、第三年年末、第四年年末及第五年年末计算长期借款利息，同2017年会计处理。

情景案例12

假设该项5年期借款到期，木子公司已通过银行转账偿还借款本金300 000元和5年的利息90 000元，共计390 000元。

> 工作分析

该项经济业务的发生，一方面使木子公司长期借款减少390 000元，应计入"长期借款"账户的借方；另一方面使木子公司的银行存款减少390 000元，应计入"银行存款"账户的贷方。

> 工作成果

对相关的原始凭证审核无误后，根据银行送来的付款通知，编制会计分录如下：

借：长期借款——本金（中国建设银行）　　300 000
　　　　　　——应计利息　　　　　　　　 90 000
　　贷：银行存款　　　　　　　　　　　　390 000

5．投资业务

交易性金融资产，主要是指公司为了近期内出售而持有的金融资产，通常是指不超过一年的投资。例如，公司以赚取差价为目的从二级市场购入的股票、债券、基金等。

（1）企业取得划分为交易性金融资产的股票、债券、基金等，应当按照取得时的公允价值作为初始确认金额，借记"交易性金融资产——成本"账户；相关的交易费用在发生时计入当期损益，借记"投资收益"账户；支付的价款中包含的已宣告但尚未发放的现金股利（或已到付息期但尚未领取的债券利息），应当单独确认为应收项目，借记"应收股利（或应收利息）"账户。按实际支付的金额，贷记"银行存款"等账户。

（2）企业在持有交易性金融资产期间取得的现金股利（或利息），应当确认为投资收益。借记"应收股利（或应收利息）"账户，贷记"投资收益"账户。

（3）资产负债表日，企业应将交易性金融资产的公允价值变动计入当期损益。交易性金融资产的公允价值高于其账面余额的差额，借记"交易性金融资产——公允价值变动损益"账户，贷记"公允价值变动损益"账户；公允价值低于其账面余额的差额，做相反的会计分录。

（4）处置交易性金融资产时，其公允价值与初始入账金额之间的差额应确认为投资收益，同时调整公允价值变动损益。应按实际收到的金额，借记"银行存款"账户，按该项交易性金融资产的成本，贷记"交易性金融资产——成本"账户，按该项交易性金融资产的公允价值变动，贷记或借记"交易性金融资产——公允价值变动损益"账户，按其差额，贷记或借记"投资收益"账户。同时，按该项交易性金融资产的公允价值变动，借记或贷记"公允价值变动损益"账户，贷记或借记"投资收益"账户。

情景案例13

2017年6月5日，木子公司购入20 000股股票，支付价款220 000元，每股买价11元（含已宣告但尚未发放的现金股利1元），另外支付印花税和佣金等交易税费200元。公司将该股票划分为交易性金融资产，全部款项以银行存款支付。

工作分析

企业取得交易性金融资产，应按其公允价值，借记"交易性金融资产——成本"账户；按发生的交易费用，借记"投资收益"账户；按已宣告但尚未发放的现金股利，借记"应收股利"账户；按实际支付的金额，贷记"银行存款"等账户。收到上列现金股利或利息时，借记"银行存款"等账户，贷记"应收股利"账户。

该项经济业务的发生，一方面使木子公司的交易性金融资产增加200 000元（公允价值），应计入"交易性金融资产——成本"账户的借方；同时使木子公司的应收而未收的股利增加20 000元，应计入"应收股利"账户的借方；使木子公司的投资费用增加200元（交易税费），应计入"投资收益"账户的借方；另一方面使木子公司的银行存款减少220 200元，应计入"银行存款"账户的贷方。

工作成果

对相关的原始凭证审核无误后，根据银行送来的付款通知，编制会计分录如下：

借：交易性金融资产——成本　　200 000
　　应收股利　　　　　　　　　 20 000
　　投资收益　　　　　　　　　　　 200
　　贷：银行存款　　　　　　　　　　　220 200

情景案例14

2017年7月10日，木子公司购买的股票价格上涨到每股12.5元，该股票的公允价值总额为250 000元。

🔍 工作分析

资产负债表日，交易性金融资产的公允价值高于其账面余额的交易性金融资产的公允价值变动差额，借记"交易性金融资产——公允价值变动"账户，贷记"公允价值变动损益"账户。交易性金融资产的公允价值低于其账面余额的差额做相反的会计分录，借记"公允价值变动损益"账户，贷记"交易性金融资产——公允价值变动"账户。

该项经济业务的发生，一方面使木子公司的交易性金融资产增加50 000元（公允价值高于账面价值），应计入"交易性金融资产——公允价值变动"账户的借方；另一方面使木子公司的公允价值变动损益增加50 000元，应计入"公允价值变动损益"账户的贷方。

▶ 工作成果

根据股票价格变动，编制会计分录如下：

借：交易性金融资产——公允价值变动　　50 000
　　贷：公允价值变动损益　　　　　　　　　　50 000

情景案例15

2017年12月20日，木子公司将持有的股票全部出售，款项280 000元已存入银行。

🔍 工作分析

出售交易性金融资产，按实际收到的处置价款，借记"银行存款"等账户，按交易性金融资产的账面余额，贷记"交易性金融资产——成本"账户，借记或贷记"交易性金融资产——公允价值变动"账户，按其差额，贷记或借记"投资收益"账户。同时，将原计入该交易性金融资产的公允价值变动转出，借记或贷记"公允价值变动损益"账户，贷记或借记"投资收益"账户。

（1）该项经济业务的发生，一方面使木子公司的银行存款增加280 000元，应计入"银行存款"账户的借方；同时使木子公司的交易性金融资产减少250 000元，应计入"交易性金融资产——成本"账户的贷方和"交易性金融资产——公允价值变动"账户的贷方（由于该股票出售，要结平相关的账户）。根据借贷平衡原理，其贷方差额30 000元，为木子公司的投资收益的增加，应计入"投资收益"账户的贷方。

（2）该项经济业务的发生，同时还应将其公允价值变动50 000元（已于2017年7月10日计入"公允价值变动损益"账户的贷方）从"公允价值变动损益"账户的借方转出至"投资收益"账户的贷方。

▶ 工作成果

对相关的原始凭证审核无误后，根据银行送来的收款通知等，编制两笔会计分录如下：

（1）借：银行存款　　　　　　　　　　　280 000
　　　　贷：交易性金融资产——成本　　　　　　200 000
　　　　　　　　　　　　——公允价值变动　　　50 000

投资收益   30 000
（2）借：公允价值变动损益   50 000
    贷：投资收益   50 000

任务2 公司运营

一、购置固定资产

固定资产是指企业为生产产品、提供劳务、出租或者经营管理而持有的、使用时间超过12个月的，价值达到一定标准的非货币性资产，包括房屋、建筑物、机器、机械、运输工具以及其他与生产经营活动有关的设备、器具、工具等。一项资产如确认为固定资产，首先需要符合固定资产的定义，其次还要符合固定资产的确认条件，即与该固定资产有关的经济利益很可能流入企业，同时，该固定资产的成本能够可靠地计量。

? 想一想

哪种情况下，虽然某项固定资产的所有权不属于企业，但是企业仍应将该固定资产予以确认？

（一）核算内容

固定资产核算内容是对固定资产的取得、计提固定资产折旧、固定资产清理等业务的核算。固定资产的取得，按其来源不同可分为购入、自建、其他单位投入、融资租入、接受捐赠和盘盈等（前面章节讲解了公司接受捐赠固定资产的账务处理，这里只介绍购入固定资产的账务处理）。固定资产折旧是指对固定资产使用过程中逐渐损耗的那部分价值，在其有效使用期内进行分摊，形成折旧费用，计入当期成本。固定资产清理是指对固定资产的报废、出售以及各种不可抗力的自然灾害而使固定资产遭到的毁坏和损失的处理。

1. 固定资产的取得

公司取得固定资产时，应当按照其实际成本入账。购入的固定资产，其成本包括购买价款、相关税费以及固定资产交付使用前所发生的可归属于该项资产的运输费、装卸费、安装调试费和专业人员服务费等。其中不需要安装的固定资产在购入后可直接交付使用；而需要安装的固定资产在购入后需经安装才能交付使用。

2. 固定资产的折旧

固定资产折旧是指固定资产在使用寿命期内，按照确定的方法对应计提折旧额进行系统、合理的分摊。企业应根据固定资产所含经济利益的预期实现方式选择折旧方法，可供选择的折旧方法主要包括年限平均法、工作量法、双倍余额递减法、年数总和法等（表3-1）。折旧方法一经确定，不得随意变更；如需变更，应在会计报表附注中予以说明。

表3-1　　　　　　　　　　　固定资产折旧方法一览表

折旧方法		含义	公式
年限平均法		又称直线法，是指将固定资产的应计折旧额均衡地分摊到固定资产预计使用寿命内的一种方法	年折旧率＝（1－预计净残值率）÷预计使用年限×100% 月折旧率＝年折旧率÷12 月折旧额＝固定资产原值×月折旧率
工作量法		根据实际工作量计算应提折旧额的一种方法	单位工作量折旧额＝固定资产原值×（1－预计净残值率）÷预计总工作量 某项固定资产月折旧额＝该项固定资产当月工作量×单位工作量折旧额
加速折旧法	双倍余额递减法	在不考虑固定资产预计净残值的情况下，根据每期期初固定资产原值减去累计折旧后的金额和双倍的直线法折旧率计算固定资产折旧的一种方法	年折旧率＝2÷预计使用年限×100% 月折旧率＝年折旧率÷12 月折旧额＝每月月初固定资产账面净值×月折旧率 （注：由于每年年初固定资产净值没有扣除预计净残值，所以在计算固定资产折旧额时，应在其折旧年限到期前两年内，将固定资产净值扣除预计净残值后的余额平均摊销）
	年数总和法	将固定资产原值减去预计净残值后的余额，乘以一个以固定资产尚可使用年限为分子、以预计使用年限逐年数字之和为分母的逐年递减的分数计算每年的折旧额	年折旧率＝尚可使用年限÷预计使用年限的年数总和×100% 月折旧率＝年折旧率÷12 月折旧额＝（固定资产原值－预计净残值）×月折旧率

3. 固定资产的清理

一般情况下，当企业的固定资产出现以下情形时需要进行清理：将不适用或不需用的固定资产出售或转让；固定资产由于使用而不断磨损直至报废；由于新技术的发展，原有固定资产遭受到淘汰而提前报废；由于非常事故或自然灾害，固定资产发生损毁；对外投资或捐赠转出固定资产；以非现金资产抵偿债务方式转出固定资产；以非货币性交易换出的固定资产；按照有关规定并经有关部门批准无偿调出的固定资产。

（二）账户设置

企业通常设置"固定资产""在建工程""累计折旧""固定资产清理"等账户对固定资产取得、折旧以及清理等业务进行核算。

1. "在建工程"账户

"在建工程"属于资产类账户，用来核算和监督企业各项新建、更新改造及机器设备的安装等在建工程所发生的实际支出。该账户的借方登记企业各项在建工程发生的实际支出，贷方登记工程完工时转出的在建工程成本；期末余额在借方，反映企业尚未完工的在建工程成本。该账户可按在建工程项目设置明细分类账户，进行明细核算。

2. "累计折旧"账户

"累计折旧"属于资产类账户,是"固定资产"账户的备抵账户。用来核算和监督企业固定资产的累计折旧。该账户的借方登记企业因出售、报废等原因注销固定资产而减少的已计提的累计折旧额,贷方登记计提的固定资产折旧的增加数;期末余额在贷方,反映企业固定资产的累计折旧额。

3. "固定资产清理"账户

"固定资产清理"属于资产类账户,用来核算企业因出售、报废和毁损等原因转入清理的固定资产净值以及在清理过程中所发生的清理费用和清理收入。该账户的借方登记固定资产转入清理的净值和清理过程中发生的费用,贷方登记出售固定资产取得的价款、残料价值和变价收入。其借方余额表示清理后的净损失,转入"营业外支出"账户;贷方余额表示清理后的净收益,转入"营业外收入"账户。该账户可按被清理的固定资产设置明细分类账户,进行明细核算。

(三)账务处理

1. 固定资产的取得

公司购入不需要安装的固定资产,应按实际支付的购买价款、相关税费以及使固定资产达到预定可使用状态前所发生的可归属于该项资产的运输费、装卸费和专业人员服务费等,作为固定资产成本。借记"固定资产"账户,贷记"银行存款"等账户。

情景案例16

2017年3月15日,木子公司购入不需要安装的设备一台,用于行政管理部门办公。取得的增值税专用发票上注明买价为10 000元,增值税税额为1 700元。另外发生包装费、运输费等共计500元,全部款项已用银行存款转账支付,该设备已交付使用。

工作分析

公司购进的不需要安装的设备发生的实际支出为10 500元,即固定资产的原始价值。该项经济业务的发生,一方面使木子公司的固定资产原值增加10 500元,应计入"固定资产"账户的借方;同时使木子公司可用于抵扣的增值税进项税额增加1 700元,应计入"应交税费——应交增值税"账户的借方"进项税额"专栏。另一方面使木子公司的银行存款减少12 200元,应计入"银行存款"账户的贷方。

工作成果

对相关的原始凭证审核无误后,根据银行付款通知和增值税专用发票,编制会计分录如下:

借:固定资产　　　　　　　　　　　　　　　10 500
　　应交税费——应交增值税(进项税额)　　1 700

贷：银行存款　　　　　　　　　　　12 200

❓ 想一想

企业购入需要安装的固定资产如何进行账务处理？

2. 计提折旧

企业应根据月初计提折旧的固定资产原值和月折旧率，按月计算提取；并根据固定资产用途，分别计入相关资产的当期费用。当月增加的固定资产，当月不计提折旧；当月减少的固定资产，当月照提折旧。按所提折旧费用借记"管理费用""销售费用"等账户，贷记"累计折旧"账户。

情景案例17

木子公司行政管理部门、销售部门分别配备计算机一台用于日常办公，每台计算机的入账价值为5 400元，预计使用年限为3年，假定无预计净残值。采用直线法计提2017年4月份公司固定资产折旧。

🔍 工作分析

公司采用直线法计提固定资产折旧，每台计算机原值为5 400元，预计使用年限3年，即固定资产每年折旧额为1 800元。该项经济业务的发生，一方面使木子公司的4月份固定资产折旧费用增加300元，应分别计入"管理费用"和"销售费用"账户的借方；另一方面使计提的累计折旧增加300元，应计入"累计折旧"账户的贷方。

▸ 工作成果

对相关的原始凭证审核无误后，根据固定资产折旧计算表，编制会计分录如下：

借：管理费用　　　　150
　　销售费用　　　　150
　贷：累计折旧　　　　　300

💡 你知道吗　固定资产折旧最低年限

除国务院财政、税务主管部门另有规定外，固定资产计算折旧的最低年限如下：

1. 房屋、建筑物，为20年；
2. 飞机、火车、轮船、机器、机械和其他生产设备，为10年；
3. 与生产经营活动有关的器具、工具、家具等，为5年；
4. 飞机、火车、轮船以外的运输工具，为4年；
5. 电子设备，为3年。

3．固定资产清理

固定资产清理业务四步骤：

①转入清理

借：固定资产清理　　（差额）
　　累计折旧　　　　（使用期间曾计提过的折旧）
　贷：固定资产　　　（当时的入账价值）

②发生清理费用

借：固定资产清理
　贷：库存现金/银行存款

③变卖取得价款

借：库存现金/银行存款
　贷：固定资产清理

④考虑是卖赚了还是卖亏了

赚了　借：固定资产清理
　　　　贷：营业外收入

亏了　借：营业外支出
　　　　贷：固定资产清理

> **情景案例18**

2018年1月，木子公司行政管理部门计算机损坏了，公司不打算进行维修，卖了1 000元，款项已存入银行。该计算机原价5 400元，累计已提折旧1 800元，在清理过程中以现金支付清理费用100元。

1．将固定资产净值转入清理

🔍 工作分析

出售、报废或毁损等固定资产处置一般通过"固定资产清理"账户进行核算。该台计算机的固定资产净值为3 600元，转入"固定资产清理"账户的借方。该项经济业务的发生，一方面随着该设备的毁损，使木子公司的固定资产原值减少5 400元，应计入"固定资产"账户的贷方。另一方面使木子公司累计已计提的固定资产折旧减少1 800元，应计入"累计折旧"账户的借方；同时应将毁损清理的固定资产净值1 000元转入"固定资产清理"账户的借方。

▶ 工作成果

对相关的原始凭证审核无误后，根据固定资产予以报废的批准及相关账簿记录等，编制会计分录如下：

借：固定资产清理　　3 600

累计折旧　　　　　　　1 800
　　　　贷：固定资产　　　　　5 400

2. 支付清理费用

🔍 工作分析

该项经济业务的发生，一方面使木子公司库存现金减少100元，应计入"库存现金"账户的贷方；另一方面使木子公司固定资产清理损失增加了100元，应计入"固定资产清理"账户的借方。

▸ 工作成果

对相关的原始凭证审核无误后，根据收据及相关账簿记录等，编制会计分录如下：

　　借：固定资产清理　　　100
　　　　贷：库存现金　　　　　100

3. 收回变卖收入

🔍 工作分析

该项经济业务的发生，一方面使木子公司银行存款增加1 000元，应计入"银行存款"账户的借方；另一方面使木子公司固定资产清理收益增加了1 000元，应计入"固定资产清理"账户的贷方。

▸ 工作成果

对相关的原始凭证审核无误后，根据收据及相关账簿记录等，编制会计分录如下：

　　借：银行存款　　　　　1 000
　　　　贷：固定资产清理　　　1 000

4. 结转清理净损益

🔍 工作分析

固定资产清理完毕后，应结平"固定资产清理"账户，将固定资产清理后的净损益，计入当期损益。如果属于固定资产清理净损失（"固定资产清理"账户为借方余额），应转入营业外支出；如果属于固定资产清理净收益（"固定资产清理"账户为贷方余额），应转入营业外收入。

该项固定资产清理完毕后，"固定资产清理"账户为借方余额2 700元，属于固定资产清理净损失。因此，应将固定资产清理净损失自"固定资产清理"账户的贷方转入"营业外支出"账户的借方。

▸ 工作成果

对相关的原始凭证审核无误后，根据相关批准和账簿资料等，编制会计分录如下：

　　借：营业外支出　　　　2 700
　　　　贷：固定资产清理　　　2 700

二、商品流转业务处理

商品流转，又称"商品流通"，指商品通过买卖行为，从生产领域向消费领域的转移过程。具有以下两个特征：一是物质产品的转移；二是通过买卖行为，即通过商品——货币的交换方式。

商品流转在社会再生产过程中处于中介地位，起着联系生产与消费的桥梁和纽带作用，是促进生产发展、活跃国民经济、满足消费者需要、实现商品价值的重要一环。商品流转过程包括批发商品流转和零售商品流转两个经营环节。

> **你知道吗**
>
> **批发商品流转**，是指批发企业向工农业生产企业采购商品，然后供应零售企业转卖或供应生产企业做生产消费的商品流通活动。
>
> **零售商品流转**，是指零售企业从批发企业或生产企业购进商品，按零售价供应给单位或个人消费者的商品交易活动。它是商品流通的最终环节。

（一）核算内容

商品流转业务主要包括商品购进、商品销售和商品储存3个环节。

商品购进，是指商品流通企业为了销售或加工后销售，通过货币结算取得商品所有权的交易行为，它是商品流转的起点。商品购进过程，也就是货币资金转变为商品资金的过程。

商品销售，是指商品流通企业通过货币结算而售出商品的交易行为，它是商品流转的终点。商品销售过程，也就是商品资金转变为货币资金的过程。

商品储存，是指商品流通企业购进的商品在销售以前在企业的停留状态。它以商品资金的形态存在于企业之中。商品储存是商品购进和商品销售的中间环节，也是商品流转的重要环节。商品储存包括库存商品、受托代销商品、分期收款发出商品和购货方拒收的代管商品等。

（二）账户设置

企业通常设置"在途物资""库存商品""商品进销差价""应交税费""应付账款""应付票据"等账户对商品购进业务进行核算；设置"主营业务收入""主营业务成本""应收账款""应收票据"等账户对商品销售业务进行核算；设置"待处理财产损溢"等账户对商品储存业务进行核算。

1. 商品购进

（1）"在途物资"账户。"在途物资"账户属于资产类账户，用以核算企业购进商品、材料等物资已付款但尚未验收入库的在途物资的采购成本。该账户的借方登记商品物资采购过程中发生的买价、运费等采购成本，贷方登记验收入库物资的采购成本并转入"库存商品"账户的借方；期末余额在借方，反映企业期末在途商品、材料等物资的采购成本。该账户可按供应单位或物资品种设置明细分类账户，进行明细核算。

（2）"库存商品"账户。"库存商品"账户属于资产类账户，用以核算企业库存的各种商品的进价或售价，包括外购商品、存放在门市部准备出售的商品、发出展览的商品以及寄存在外的商品等。该账户的借方登记验收入库的库存商品成本，贷方登记发出的库存商品成本；期末余额在借方，反映企业期末库存商品的进价或售价。该账户可按库存商品的种类、品种和规格等设置明细分类账户，进行明细核算。

（3）"商品进销差价"账户。"商品进销差价"账户属于资产类账户，用以核算企业采用售价进行日常核算的商品售价与进价之间的差额，它是"库存商品"账户的抵减账户。该账户的借方登记结转已销商品进销差价、商品短缺及调价减值等原因注销的差价，贷方登记商品购进、溢余及调价增值发生的差额；期末余额在贷方，反映企业期末库存商品的商品进销差价。该账户可按商品类别或实物管理负责人等设置明细分类账户，进行明细核算。

（4）"应交税费"账户。"应交税费"账户属于负债类账户，用以核算企业应交纳的各种税费，包括增值税、营业税、消费税、资源税、城市维护建设税及教育费附加等。该账户贷方登记企业根据税法计算应交的税费，借方登记实际交纳的税费；期末余额一般在贷方，反映企业应交而尚未交纳的税费。该账户可按各种税费种类设置明细分类账户，进行明细核算。

（5）"应付账款"账户。"应付账款"账户属于负债类账户，用以核算企业因购买材料、商品和接受劳务供应等应支付给供应者的款项。该账户贷方登记企业购买材料、接受劳务等形成的应付未付款，借方登记偿还的应付款项或开出商业汇票抵付应付账款的款项，或冲销无法支付的应付账款；期末余额在贷方，反映企业尚未偿还的应付账款。该账户可按供应单位设置明细分类账户，进行明细核算。

（6）"应付票据"账户。"应付票据"账户属于负债类账户，用以核算企业购买商品、材料和接受劳务等开出、承兑的商业汇票，包括银行承兑汇票和商业承兑汇票。该账户的贷方登记企业开出、承兑的商业汇票，借方登记企业已经支付或者到期无力支付的商业汇票；期末余额在贷方，反映企业尚未到期的商业汇票的票面金额。该账户可按债权人等设置明细分类账户，进行明细核算。

2. 商品销售

（1）"主营业务收入"账户。"主营业务收入"账户属于损益类账户，用以核算企业销售商品、提供劳务等确认的收入。该账户贷方登记企业实现的主营业务收入，借方登记期末转入"本年利润"账户的主营业务收入（按净额结转），以及发生销售退回或销售折让等冲减的主营业务收入；期末将本账户的贷方余额全部转入"本年利润"账户的贷方，结转后应无余额。该账户可按主营业务的种类设置明细分类账户，进行明细核算。

（2）"主营业务成本"账户。"主营业务成本"账户属于损益类账户，用以核算企业确认销售商品、提供劳务等主营业务收入时应结转的成本。该账户借方登记主营业务发生的实际成本，贷方登记期末转入"本年利润"账户的主营业务成本；期末结转后，该账户应无余额。该账户可按主营业务的种类设置明细分类账户，进行明细核算。

（3）"应收账款"账户。"应收账款"账户属于资产类账户，用以核算企业因销售商品、提供劳务等应收取的款项。该账户借方登记由于销售商品及提供劳务等发生的应收账款，包括应收取的价款、税款和代垫款等，贷方登记已经收回的应收账款；期末余额一般在借方，反映企业尚未收回的应收账款；期末余额如果在贷方，反映企业预收的账款。该账户应按不同的债务人设置明细分类账户，进行明细核算。

（4）"应收票据"账户。"应收票据"账户属于资产类账户，用以核算企业因销售商品、提供劳务等而收到的商业汇票，包括银行承兑汇票和商业承兑汇票。该账户借方登记企业收到的应收票据的面值，贷方登记票据到期收回的应收票据；期末额在借方，反映企业持有的商业汇票的票面金额。该账户可按开出、承兑商业汇票的单位设置明细分类账户，进行明细核算。

3. 商品储存

为了加强对商品储存的核算和管理，企业应定期或不定期对库存商品进行全面的盘点。通过盘点，清查商品在数量上有无短缺损耗和溢余，在质量上有无残次、损坏、变质等情况；同时，通过盘点还可以发现库存结构上可能出现呆滞冷背商品、销小存大商品等问题，以便企业及时采取措施，减少企业损失，达到保护企业财产安全和改善企业经营管理的目的。

企业通常设置"待处理财产损溢"账户核算企业在清查财产过程中已经查明的各种财产物资的盘盈、盘亏和毁损，可设置"待处理固定资产损溢""待处理流动资产损溢"两个明细分类账户，进行明细核算。该账户属于资产类账户，借方登记存货的盘亏、毁损数额以及盘盈的转销数额；贷方登记存货的盘盈以及盘亏、毁损的转销数额。期末如为借方余额，反映尚未处理的各种财产物资的净损失；如为贷方余额，反映尚未处理的各种财产物资的净溢余。

（三）账务处理

1. 批发商品流转业务的账务处理

（1）商品购进业务。商品购进业务包括国内采购、国外进口等。商品采购成本包括购买价款、相关税费、运输费、装卸费、保险费以及其他可归属于存货采购成本的费用。取得运输业增值税专用发票的，可按11%计算增值税进项税进行抵扣。

批发企业购进商品时,如果付款与验收商品入库同日完成的,则直接计入"库存商品"账户;如果先付款、后验收商品入库的,则付款时先计入"在途物资"账户,验收入库时再转入"库存商品"账户。

情景案例19

铭轩批发公司为一般纳税人,增值税税率17%。2月10日从本市玩具厂购进玩具200个,单价25元,取得的增值税专用发票注明的价款为5 000元,增值税为850元。价税款以转账支票付讫,商品由采购员提回交仓库。

工作分析

该项经济业务的发生,一方面使铭轩批发公司的库存商品增加5 000元,应计入"库存商品"账户的借方,同时应交增值税进项税额增加850元,应计入"应交税费——应交增值税"账户的借方"进项税额"专栏。另一方面使铭轩批发公司的银行存款减少5 850元,应计入"银行存款"账户的贷方。

工作成果

对相关的原始凭证审核无误后,根据银行结算凭证、增值税专用发票以及玩具的验收入库单,编制会计分录如下:

借:库存商品   5 000
    应交税费——应交增值税(进项税额)   850
  贷:银行存款   5 850

想一想

某批发企业系增值税一般纳税人,3月从本市加热器厂购进加热器20台,取得的增值税专用发票注明的价款为7 000元,增值税为1 190元。开出商业承兑汇票一张,承兑期为三个月。商品已提回并验收入库,如何进行账务处理?

情景案例20

3月11日,铭轩批发公司从外地购进儿童自行车100辆,单价400元,取得的增值税专用发票注明的价款为40 000元,增值税为6 800元。供货方代垫运费,取得的运输增值税专用发票注明的运费为800元,增值税为88元。商品尚未到达,货款及税金均未支付。

工作分析

该项经济业务的发生,一方面使铭轩批发公司商品的采购成本增加40 000元,应计入"在途物资"账户的借方;采购商品运费800元,数额较小,可直接计入当期损益,应计入"销售费用"账户的借方,同时应交增值税进项税额增加6 888(即6 800+88)元,应计入

"应交税费——应交增值税"账户的借方"进项税额"专栏。另一方面使铭轩批发公司的应付给对方的款项增加47 688元,应计入"应付账款"账户的贷方。

▶ **工作成果**

对相关的原始凭证审核无误后,根据增值税专用发票等相关凭证,编制会计分录如下:

借:在途物资　　　　　　　　　　　　　　　40 000
　　应交税费——应交增值税(进项税额)　　6 888
　　销售费用　　　　　　　　　　　　　　　800
　　贷:应付账款　　　　　　　　　　　　　47 688

● **你知道吗**

在商品采购过程中发生的运输费、装卸费、保险费以及其他可归属于存货采购成本的费用等进货费用,应计入存货采购成本,也可以先进行归集(可增设"进货费用"账户进行归集),期末根据所购商品的存销情况进行分摊;对于已售商品的进货费用,计入当期损益;对于未售商品的进货费用,计入期末存货成本。企业采购商品的进货费用较小的,可以在发生时直接计入当期损益(销售费用)。

(2)商品销售业务。批发企业的商品销售,是指根据与购货单位签订的购销合同,有计划地组织商品的供应业务。商品批发企业销售商品按照实现的销售收入和按规定收取的销项税额,借记"应收账款""银行存款"等账户,贷记"主营业务收入""应交税费——应交增值税(销项税额)"账户。

同时,通常采用毛利率法计算商品的销售成本,借记"主营业务成本",贷记"库存商品"账户。所谓毛利率法是根据本期销售净额乘以上期实际(或本期计划)毛利率计算本期销售毛利,并据以计算发出存货和期末存货成本的一种方法。计算公式为:

销售净额=商品销售收入-销售退回与折让
毛利率=销售毛利÷销售净额×100%
销售成本=销售净额-销售毛利=销售净额×(1-毛利率)
期末结存存货成本=期初结存存货成本+本期购货成本-本期销售成本

情景案例21

铭轩批发公司某日销售商品一批,开出增值税专用发票,注明价款48 000元,增值税税额8 160元,收到对方公司寄来的一张3个月到期的银行承兑汇票,面值56 160元,抵付商品货款。

工作分析

该项经济业务的发生，一方面由于铭轩批发公司收到期限3个月银行承兑汇票，使公司的流动资产增加56 160元，应计入"应收票据"账户的借方；另一方面使公司主营业务收入增加48 000元，应计入"主营业务收入"账户的贷方，同时应交增值税销项税额增加8 160元，应计入"应交税费——应交增值税"账户的贷方"销项税额"专栏。

工作成果

对相关的原始凭证审核无误后，根据增值税专用发票、销货日报表以及银行承兑汇票存根，编制会计分录如下：

借：应收票据　　　　　　　　　　　　56 160
　　贷：主营业务收入　　　　　　　　　　48 000
　　　　应交税费——应交增值税（销项税额）　8 160

想一想

斯敏公司销售给某商店商品一批，开出增值税专用发票一张，注明价款150 000元，增值税额25 500元，收到该商店开出的转账支票一张。此业务如何进行账务处理？如果货款与税金均未收到，如何进行账务处理？

情景案例22

铭轩批发公司2017年4月初A类商品库存为60 000元，本月购进商品50 000元，本月销售收入121 000元，发生的销售退回和销售折让为11 000元，上月该类商品的毛利率为20%。结转销售商品成本并计算期末库存商品成本。

工作分析

本月销售净额为＝121 000－11 000＝110 000（元）
销售毛利＝110 000×20%＝22 000（元）
本月销售成本＝110 000－22 000＝88 000（元）
库存商品成本＝60 000＋50 000－88 000＝22 000（元）

该项经济业务的发生，一方面使铭轩批发公司主营业务成本增加88 000元，应计入"主营业务成本"账户的借方；另一方面使公司库存商品减少88 000元，应计入"库存商品"账户的贷方。

工作成果

对相关的原始凭证审核无误后，根据商品出库单等相关凭证，编制会计分录如下：

借：主营业务成本　　88 000
　　贷：库存商品　　　　88 000

（3）商品储存业务。批发企业库存商品在销售之前，可能会因管理不善或其他原因而发生毁损、短缺或溢余；可能因市场变化导致商品滞销积压而占用大量资金；也可能因为经营活动需要而调整价格，导致库存商品金额发生变化。因此，企业应定期或不定期对库存商品进行盘点。盘点时，应填制"商品盘点表"，以反映盘点结果；若盘点发生溢余或短缺时，应及时填制"商品溢余（短缺）报告单"，查明原因，提出处理意见，按规定审批程序报请批准处理。

库存商品盘点的溢缺，在未查明原因前，先通过"待处理财产损溢——待处理流动资产损溢"账户调整"库存商品"账户的账面记录；查明原因后再分不同情况从"待处理财产损溢——待处理流动资产损溢"账户转入相关账户。

情景案例23

铭轩批发公司2017年6月30日对库存商品的盘点结果如下表所示。

商品盘点溢余或短缺报告单

2017年6月30日

品名	计量单位	单价	账存数量	实存数量	溢余		短缺		原因
					数量	金额	数量	金额	
儿童玩具	个	25	120	108			12	300	王三管理不善
儿童自行车	辆	400	80	82	2	800			供货方多发

工作分析

根据"商品溢余或短缺报告单"，一方面将溢余商品按溢余金额调增库存商品，应计入"待处理财产损溢——待处理流动资产损溢"账户的贷方；将短缺商品按短缺金额调减库存商品，应计入"待处理财产损溢——待处理流动资产损溢"账户的借方。另一方面根据有关部门批准予以转账，将由于供货单位多发造成的商品溢余，补作购进，价税款以转账支票付讫；由于员工管理不善造成的商品短缺，责令王三赔偿，应计入"其他应收款"账户的借方。

工作成果

对相关的原始凭证审核无误后，根据商品溢余或短缺报告单，编制会计分录如下：

根据短缺金额调减库存商品：

借：待处理财产损溢——待处理流动资产损溢   300
　　贷：库存商品   300

根据溢余金额调增库存商品：

借：库存商品   800

　　　　贷：待处理财产损溢——待处理流动资产损溢　　　800
　　经相关部门批准予以转账：
　　①借：其他应收款——王三　　　　　　　　　　　300
　　　　贷：待处理财产损溢——待处理流动资产损溢　　　300
　　②借：待处理财产损溢——待处理流动资产损溢　　　800
　　　　　　应交税费——应交增值税（进项税额）　　　136
　　　　贷：银行存款　　　　　　　　　　　　　　　　936
　　注：若不同意购进，则转为"代管商品"。

2．零售商品流转业务的账务处理

（1）商品购进业务。零售商品的购进，一般由实物负责人根据商品库存和销售情况，自行组织进货；设有专职采购员的企业，可由实物负责小组提出要货计划，由采购员组织进货。企业购进商品，一般以本地为主，从当地批发企业或生产单位购进，一些规模较大的企业为了扩大花色品种，增加货源，也有从外地购进商品的。企业在本地购进商品，通常采用提货制和送货制，提货制由企业自行提货，送货制由供货单位根据企业要货单送货上门；企业从外地购进商品，通常采用发货制。

不论采用何种商品交接方式，在商品运达后，由实物负责人根据发票所列内容，逐一清点商品数量，检查商品质量，核对商品编号、品名、数量、质量、单价和金额无误后，填制"商品验收单"一式数联，分送有关部门入账。与批发企业相比，零售企业购进商品在账户设置上，除"在途物资"和"库存商品"外，还应设置"商品进销差价"。由于零售商品实行"售价金额"核算，购入商品在验收入库时，不是按照原来进价而是按照售价计入"库存商品"账户。因此，"库存商品"中就包括商品的实际进价和未实现的进销差价（含销项税额）两部分。当购进的商品经实物负责人验收之后，按照售价计入"库存商品"账户，按商品进价与售价的差额贷记"商品进销差价"账户。

> **情景案例24**

木子公司是一家零售企业，2017年3月5日向本地百货批发站购入白酒50箱，每箱进价100元，进项增值税850元，价税款以转账支票付讫，商品已验收入库，每箱酒的含税售价为158元。

🔍 工作分析

该项经济业务的发生，一方面使木子公司的库存商品增加7 900元，应计入"库存商品"账户的借方，同时应交增值税进项税额增加850元，应计入"应交税费——应交增值税"账户的借方"进项税额"专栏。另一方面使木子公司的银行存款减少5 850元，应计入"银行存款"账户的贷方；同时商品含税零售价与购入商品价格的差额为2 900，应计入"商品进销差价"账户的贷方。

▶ 工作成果

对相关的原始凭证审核无误后,根据银行结算凭证、增值税专用发票以及白酒的验收入库单,编制会计分录如下:

借:库存商品　　　　　　　　　　　　7 900
　　应交税费——应交增值税(进项税额)　850
　　贷:银行存款　　　　　　　　　　　　5 850
　　　　商品进销差价　　　　　　　　　　2 900

❓ 想一想

某超市收到一家供货单位发来的椅垫300个,每个进价20元,增值税专用发票注明的价款共计6 000元,增值税1 020元。每个椅垫的含税售价30元,商品尚未到达,货款及税金均未支付。如何进行账务处理?

---

(2)商品销售业务。零售企业的商品销售,多采用实物负责制,其核算除反映销售收入的实现和货款收回情况外,还要按售价结转销售成本,以减少实物负责人的商品保管责任。采用售价金额核算的零售企业,商品实现销售时,按照含税销售额,借记"应收账款""银行存款"等账户,贷记"主营业务收入";同时,按照含税销售额结转商品销售成本,借记"主营业务成本"账户,贷记"库存商品"账户。

期末计算进销差价率和本期已销商品应分摊的进销差价将已销商品的销售成本调整为实际成本,借记"商品进销差价"账户,贷记"主营业务成本"账户。计算公式为:

商品进销差价率=(期初库存商品进销差价+本期购入商品进销差价)/
(期初库存商品售价+本期购入商品售价)×100%

本期销售商品应分摊的商品进销差价=本期商品销售收入×商品进销差价率

本期销售商品的成本=本期商品销售收入-本期已销售商品应分摊的商品进销差价

期末结存商品的成本=期初库存商品的进价成本+本期购进商品的进价成本
-本期销售商品的成本

情景案例25

木子公司采用售价金额法进行商品销售的核算。5月初库存商品进价成本总额为40万元,售价总额为55万元;本月购进商品进价成本总额为50万元,售价总额为65万元;本月销售商品售价总额为90万元,已收到转账支票。

🔍 工作分析

①确认商品销售收入时:一方面使公司的销售收入增加900 000元,应计入"主营业务收入"账户的贷方;另一方面使公司的银行存款增加900 000元,应计入"银行存款"

账户的借方。

②转商品销售成本时，一方面使主营业务成本增加900 000元，应计入"主营业务成本"账户的借方；另一方面使库存商品减少900 000元，应计入"库存商品"账户的贷方。

③计算进销差价率。

商品进销差价率＝[（55－40）＋（65－50）]/（55＋65）×100％＝25％

销售商品应分摊的商品进销差价＝90×25％＝22.5（万元）

销售商品的成本＝90－22.5＝67.5（万元）

④根据已销商品应分摊的进销差价冲转销售成本时，一方面当期销售商品应分摊的商品进销差价为225 000元，应计入"商品进销差价"账户的借方；另一方面使主营业务成本减少225 000元，应计入"主营业务成本"账户的贷方。

▶ **工作成果**

对相关的原始凭证审核无误后，根据"商品进销存日报表"、转账支票存根等相关凭证，编制会计分录如下：

（1）借：银行存款　　　　　900 000
　　　　贷：主营业务收入　　　900 000

（2）借：主营业务成本　　　900 000
　　　　贷：库存商品　　　　　900 000

（3）借：商品进销差价　　　225 000
　　　　贷：主营业务成本　　　225 000

❓ **想一想**

某商店6月份的期初存货成本为100 000元，售价总额为125 000元；本期购货成本为450 000元，售价总额为675 000元；本期销售收入为640 000元，货款尚未收到。如何进行账务处理？

（3）商品储存业务。零售企业为了检查实物负责人的经济责任，确定实物负责人的商品实有数量，每月必须对仓库或实物进行全面的盘点。盘点商品时，应按商品的编号、品名及规格、数量、单价、金额等逐项填写"商品盘点表"，与"库存商品明细账"相核对。如果盘点商品余额与账面金额不符，应由实物负责人按盘点溢缺金额填制"商品盘点溢缺报告单"，说明原因，提出处理意见，报经领导批准后送交财会部门进行会计处理。

①库存商品盘点溢余的核算。

零售企业库存商品的盘点溢余，是指商品盘存金额大于账存金额，其主要原因有自然升溢，购销过程中多收少发商品等。在尚未查明原因前，按溢余金额暂记"待处理财产损溢"账户；查明原因后，属多收或少发商品的，应将商品退给供货单位或补符货款、补发商品；属于自然升溢的经批准计入当期损溢。

情景案例26

木子公司月末进行商品盘点，发现实存金额比账存金额多了451元，上月商品的进销差价率为30%。

🔍 **工作分析**

该项经济业务的发生，一方面由于实存数多于账存数，使库存商品增加451元，应计入"库存商品"账户的借方；另一方面商品售价与购入商品价格的差额为135.3（即451×30%）元，应计入"商品进销差价"账户的贷方，溢余金额315.7元，暂记"待处理财产损溢"账户的贷方。

▶ **工作成果**

对相关的原始凭证审核无误后，根据"商品盘点溢余短缺报告单"，编制会计分录如下：

借：库存商品　　　　　　　　　　　　451
　　贷：待处理财产损溢——待处理流动资产损溢　315.7
　　　　商品进销差价　　　　　　　　135.3

经查明溢余商品为自然升溢，经批准冲减销售费用，编制会计分录如下：

借：待处理财产损溢——待处理流动资产损溢　351.7
　　贷：销售费用　　　　　　　　　　351.7

②库存商品盘点短缺的核算。

零售企业库存商品盘点短缺，是指商品盘存金额小于账存金额。主要原因是储存中的自然损耗、购销商品过程中的少收多发，以及仓储过程中的非常损失和责任损失等。企业发生的正常商品损耗应按商品不含税的原进价计入"销售费用"账户，同时冲销其商品进销差价及待实现销项税额；如果属非常损失，应将进项税额转出，并冲销其进销差价及待实现销项税额。查明原因前，按损失商品的原进价及进项税额计入"待处理财产损溢"账户，待查明责任经批准后做相应处理。

情景案例27

木子公司月末商品盘点，发现实存金额比账存金额少600元，后经查明其中自然损耗100元，经批准做销售费用处理；其余为非常损失，其中260元属责任人事故损失，责令张三赔偿，余额经批准计入"营业外支出"。商品的上月进销差价率为30%。

🔍 **工作分析**

该项经济业务的发生，一方面由于实存数少于账存数，使库存商品减少600元，应计入"库存商品"账户的贷方；另一方面应分摊的商品进销差价为180元，应计入"商品进销差价"账户的借方，短缺金额420元，暂记"待处理财产损溢"账户的借方。

> ▶ **工作成果**

对相关的原始凭证审核无误后,根据"商品盘点溢余短缺报告单",编制会计分录如下:

借:待处理财产损溢——待处理流动资产损溢　　420
　　商品进销差价　　　　　　　　　　　　　180
　　贷:库存商品　　　　　　　　　　　　　　　　600

经查明原因后,编制会计分录如下:

借:其他应收款——张三　　　　　　　　　　　260
　　销售费用　　　　　　　　　　　　　　　　100
　　营业外支出　　　　　　　　　　　　　　　114.4
　　贷:待处理财产损溢——待处理流动资产损溢　　420
　　　　应交税费——应交增值税(进项税额转出)　54.4

任务3　利润核算

一、辨明费用

期间费用是指企业本期发生的、不能直接或间接归入营业成本,而是直接计入当期损益的各项费用,包括销售费用、管理费用和财务费用。

(一)核算内容

销售费用是指企业销售商品和材料、提供劳务的过程中发生的各种费用。包括企业在销售商品过程中发生的保险费、包装费、展览费和广告费、商品维修费、预计产品质量保证损失、运输费、装卸费等以及为销售本企业商品而专设的销售机构的职工薪酬、业务费、折旧费等经营费用。企业发生的与专设销售机构相关的固定资产修理费用等后续支出也属于销售费用。

管理费用是指企业行政管理部门为组织和管理生产经营活动而发生的各种费用。包括企业在筹建期间发生的开办费、公司经费、工会经费、董事会费、聘请中介机构费、咨询费、诉讼费、业务招待费、办公费、技术转让费、技术开发费、研究费用、管理人员工资及福利费、印花税以及其他相关费用。

财务费用是指企业为筹集生产经营所需资金等而发生的费用。包括企业生产经营期间发生的利息支出(减利息收入)、金融机构手续费以及筹集生产经营资金发生的其他费用等。(前面章节已阐述)

(二)账户设置

1."销售费用"账户

"销售费用"账户属于损益类账户,用以核算企业在销售过程中所发生的各项费用,如展览费,广告费用,以及为销售在本企业商品而专设的销售机构的经费等。该账户借方登记销售商品过程中发生的各项费用,贷方登记期末结转到"本年利润"账户的数额,期末结账后该账户无余额。该账户可按费用项目设置明细分类账户,进行明细核算。

2."管理费用"账户

"管理费用"账户属于损益类账户,用以核算企业行政管理部门为组织和管理生产经营活动所发生的各项管理费用。该账户借方登记企业发生的各项管理费用,贷方登记期末结转到"本年利润"账户的数额,期末结账后该账户无余额。该账户可按费用项目设置明细分类账户,进行明细核算。

(三)账务处理

1.销售费用

企业在商品销售过程中发生的包装费、保险费、展览费和广告费、运输费、装卸费等费用,借记"销售费用"账户,贷记"库存现金""银行存款"等账户;企业发生的为销售本企业商品而专设的销售机构的职工薪酬、业务费、折旧费、修理费等费用,借记"销售费用"账户,贷记"应付职工薪酬""银行存款""累计折旧"等账户。

情景案例28

2017年4月,木子公司用银行存款支付产品保险费3 000元。

工作分析

该项经济业务的发生,一方面使木子公司的销售费用增加了3 000元,应计入"销售费用"账户的借方;另一方面使木子公司的银行存款减少了3 000元,应计入"银行存款"账户的贷方。

工作成果

对相关的原始凭证审核无误后,根据银行结算凭证和保险费收据,编制会计分录如下:

借:销售费用——产品保险费　　3 000
　　贷:银行存款　　　　　　　　　　3 000

想一想

2017年5月,木子公司用银行存款支付本月广告费5 000元和展览费3 250元。如何进行账务处理?

2. 管理费用

企业行政管理部门发生的办公费、水电费、差旅费以及企业发生的业务招待费、聘请中介机构费、咨询费、诉讼费、技术转让费、企业研究费用等其他费用，借记"管理费用"账户，贷记"银行存款""研发支出"等账户。

企业行政管理部门计提的固定资产折旧，借记"管理费用"账户，贷记"累计折旧"账户。

企业行政管理部门人员的职工薪酬，借记"管理费用"，贷记"应付职工薪酬"账户。

企业按规定计算确定的应交房产税、车船税、土地使用税、印花税等，借记"管理费用"账户，贷记"应交税费""银行存款"等账户。

情景案例29

2017年10月，木子公司为拓展产品销售市场发生业务招待费8 000元，用银行存款支付。

🔍 工作分析

该项经济业务的发生，一方面使木子公司的管理费用增加了8 000元，应计入"管理费用"账户的借方；另一方面使木子公司的银行存款减少了8 000元，应计入"银行存款"账户的贷方。

▶ 工作成果

对相关的原始凭证审核无误后，根据银行结算凭证和相关收据，编制会计分录如下：

借：管理费用——业务招待费　　8 000
　　贷：银行存款　　　　　　　　　　8 000

❓ 想一想

2017年6月，木子公司用银行存款支付本月办公费和水电费1 152.3元。如何进行账务处理？

二、核算薪酬

职工薪酬是指企业为获得职工提供的服务而给予各种形式的报酬以及其他相关支出，是企业成本费用的重要组成部分。职工薪酬不仅包括企业一定时期支付给全体职工的劳动报酬总额，也包括按照工资的一定比例计算并计入成本费用的其他相关支出。

（一）核算内容

职工薪酬具体核算的内容包括：①职工工资、奖金、津贴和补贴；②职工福利费；

③医疗保险费、养老保险费、失业保险费、工伤保险费和生育保险费等社会保险费；④住房公积金；⑤工会经费和职工教育经费；⑥非货币性福利。这是指企业以自产产品或外购商品发放给职工作为福利，将自己拥有的资产或租赁的资产无偿提供给职工使用、为职工无偿提供医疗保健服务，或者向职工提供企业一定补贴的商品或服务等；⑦因解除与职工的劳动关系给予的补偿；⑧其他与获得职工提供的服务相关的支出。

你知道吗 "三项经费"

1. 职工福利费

职工福利费是指企业按工资一定比例提取出来的专门用于职工医疗、补助以及其他福利事业的经费。目前我国企业每期应当按照工资总额的14%计算确定职工福利费，并按照职工提供服务的受益对象，计入相关资产的成本或确认为当期费用。在计提时应根据发生的性质计入生产成本或期间费用。

2. 工会经费

工会经费以工资总额为基数，其计提比例为2%，在提取时应计入管理费用。

3. 职工教育经费

职工教育经费是指企业为职工学习先进技术和提高文化水平而支付的费用。职工教育经费以工资总额为基数，其计提比例为1.5%，在提取时应计入管理费用。

（二）账户设置

企业通常设置"应付职工薪酬"账户核算企业根据有关规定应付给职工的各种薪酬。"应付职工薪酬"属于负债类账户，用以核算企业应付职工薪酬的计提、结算、使用等情况。该账户的贷方登记本月计算的应付职工薪酬总额，包括各种工资、奖金、津贴和福利费等，借方登记本月实际支付的职工薪酬总额。期末余额在贷方，反映企业应付未付的职工薪酬。该账户可按"工资、奖金、津贴""职工福利""社会保险费""住房公积金""工会经费""职工教育经费""非货币性福利""辞退福利"等设置明细分类账户，进行明细核算。

（三）账务处理

企业计提职工薪酬时应根据职工提供服务的受益对象分别进行处理，其中行政管理部门人员和专设销售机构销售人员的职工薪酬均属于期间费用，应分别借记"管理费用""销售费用"等账户，贷记"应付职工薪酬"账户；应由生产产品、提供劳务的职工薪酬计入产品成本或劳务成本，生产工人的职工薪酬应借记"生产成本"账户，生产车间管理人员的职工薪酬属于间接费用，应借记"制造费用"账户，贷记"应付职工薪酬"账户。

企业按照有关规定向职工支付工资、奖金、津贴时，应借记"应付职工薪酬"账户，贷记"银行存款""库存现金"等账户。

情景案例30

2017年11月末，木子公司根据工资结算汇总表按用途分配工资，其中企业行政管理人员工资16 480元，企业销售机构人员工资19 600元。

🔍 工作分析

该项经济业务的发生，一方面使木子公司应付给职工的工资增加了36 080元，应计入"应付职工薪酬"账户的贷方；另一方面使木子公司的成本费用增加了36 080元，其中：行政管理人员工资16 480元、销售机构人员工资19 600元均属于期间费用，应分别计入管理费用""销售费用"账户的借方。

▶ 工作成果

对相关的原始凭证审核无误后，根据工资结算汇总表，编制会计分录如下：

借：管理费用　　　　　　　16 480
　　销售费用　　　　　　　19 600
　　贷：应付职工薪酬——工资　36 080

情景案例31

2017年12月10日，木子公司以银行存款发放职工工资36 080元。

🔍 工作分析

该项经济业务的发生，一方面使木子公司银行存款减少了36 080元，应计入"银行存款"账户的贷方；另一方面使木子公司应付给职工的工资减少了36 080元，应计入"应付职工薪酬"账户的借方。

▶ 工作成果

对相关的原始凭证审核无误后，根据工资发放表和银行付款通知，编制会计分录如下：

借：应付职工薪酬——工资　36 080
　　贷：银行存款　　　　　　36 080

三、两个收支

两个收支是指其他业务收入与其他业务成本、营业外收入与营业外支出。

（一）核算内容

其他业务收入是指企业为完成其经营目标所从事的与经常性活动相关的活动实现的收

入，属于企业日常活动中次要交易实现的收入，一般占企业总收入的比重较小。其他业务收入一般包括出租固定资产收入、出租无形资产收入、出租包装物收入等；其他业务成本是指企业除主营业务活动以外的其他经营活动所发生的成本，包括出租固定资产的折旧额、出租无形资产的摊销额、出租包装物的成本或摊销额等。

营业外收入是指企业发生的与其日常活动无直接关系的各项得利，营业外收入并不是企业经营资金耗费所产生的，不需要企业付出代价，实际上是经济利益的净流入，不可能也不需要与有关的费用进行配比。营业外收入主要包括非流动资产处置利得、盘盈利得、罚没利得、捐赠利得、确实无法支付而按规定程序经批准后转作营业外收入的应付款项等；营业外支出是指不属于企业生产经营费用，与企业生产经营活动没有直接的关系，但应从企业实现的利润总额中扣除的支出，包括固定资产盘亏、报废、毁损和出售的净损失、非常损失、公益救济性的捐赠、赔偿金、违约金等。

（二）账户设置

1."其他业务收入"账户

"其他业务收入"账户属于损益类账户，用以核算企业确认的除主营业务活动以外的其他经营活动实现的收入。该账户贷方登记企业实现的其他业务收入，借方登记期末结转到"本年利润"账户贷方已实现的其他业务收入，期末结账后该账户无余额。该账户可按种类设置明细分类账户，进行明细核算。

2."其他业务成本"账户

"其他业务成本"账户属于损益类账户，用以核算企业确认的除主营业务活动以外的其他经营活动所发生的成本。该账户借方登记企业本期各种其他业务成本的发生额，贷方登记期末结转到"本年利润"账户借方数额，期末结账后该账户无余额。该账户可按种类设置明细分类账户，进行明细核算。

3."营业外收入"账户

"营业外收入"账户属于损益类账户，用以核算企业发生的各项营业外收入。该账户贷方登记企业实现的营业外收入，借方登记期末结转到"本年利润"账户的营业外收入额，期末结账后该账户无余额。该账户可按营业外收入项目设置明细分类账户，进行明细核算。

4."营业外支出"账户

"营业外支出"账户属于损益类账户，用以核算企业发生的各项营业外支出。该账户借方登记营业外支出的发生额，贷方登记期末结转到"本年利润"账户的营业外支出额，期末结账后该账户无余额。该账户可按支出项目设置明细分类账户，进行明细核算。

（三）账务处理

当企业发生其他业务收入时，借记"银行存款""其他应收款""应收账款"等账户，按确定的收入金额，贷记"其他业务收入"账户，同时确认有关税金；在确认其他业务收入的同一会计期间，企业应根据本期应结转的其他业务成本金额，借记"其他业务成本"账户，贷记"原材料""累计折旧"等账户。

当企业发生营业外收入时，借记"银行存款"等账户，按确定的收入金额，贷记"营业外收入"账户；当企业发生营业外支出时，借记"营业外支出"账户，按确定的支出金额，贷记"银行存款"等账户。

情景案例32

2017年8月，木子公司（一般纳税人）出售不需用的包装物一批，开具的增值税专用发票上注明销售价款8 000元，增值税1 360元，款项已存入银行。

工作分析

该项经济业务的发生，一方面使木子公司因销售包装物确认的其他业务收入增加8 000元，应计入"其他业务收入"账户贷方；同时使应交增值税的销售额增加1 360元，应计入"应交税费——应交增值税"账户的贷方"销项税额"专栏；另一方面使木子公司银行存款增加9 360元，应计入"银行存款"账户的借方。

工作成果

对相关的原始凭证审核无误后，根据银行进账单（回单）和增值税专用发票存根，编制会计分录如下：

借：银行存款　　　　　　　　　　　9 136
　　贷：其他业务收入　　　　　　　　8 000
　　　　应交税费——应交增值税（销项税）　1 360

情景案例33

2017年8月末，木子公司结转本月销售包装物成本4 500元。

工作分析

该项经济业务的发生，一方面使木子公司库存包装物的成本减少了4 500元，应计入"周转材料"账户的贷方；另一方面使其他业务成本增加4 500元，应计入"其他业务成本"账户的借方。

工作成果

对相关的原始凭证审核无误后，根据材料出库单等，编制会计分录如下：

借：其他业务成本　　　　4 500
　　贷：周转材料——包装物　　4 500

情景案例34

2017年10月15日，木子公司取得罚款收入3 500元，款项已存入银行，按照规定经批准转作营业外收入。

🔍 工作分析

该项经济业务的发生，一方面使木子公司的银行存款增加3 500元，应计入"银行存款"账户的借方；另一方面使木子公司的营业外收入增加3 500元，应计入"营业外收入"账户的贷方。

▶ 工作成果

对相关的原始凭证审核无误后，根据银行收款通知等，编制会计分录如下：

借：银行存款　　　　3 500
　　贷：营业外收入　　3 500

情景案例35

2017年12月，木子公司开出一张金额为50 000元的转账支票，通过希望工程对外进行公益性捐赠。

🔍 工作分析

企业对外进行公益性捐赠与企业日常活动无直接关系，属于营业外支出。该项经济业务的发生，一方面使木子公司的营业外支出增加50 000元，应计入"营业外支出"账户的借方；另一方面使木子公司银行存款减少50 000元，应计入"银行存款"账户的贷方。

▶ 工作成果

对相关的原始凭证审核无误后，根据捐款证明和银行转账支票存款等，编制会计分录如下：

借：营业外支出　　　50 000
　　贷：银行存款　　　50 000

四、利润形成与分配

利润是指企业在一定时期内进行生产经营活动与其他活动所取得的收益超过其所发生的费用的差额，如果收益不足以弥补费用则发生亏损。利润或亏损称为企业的财务成果，是企业进行资金运营活动的最终成果。

利润分配是指企业根据国家有关规定和企业章程、投资者协议等，对企业当年可供分配利润指定其特定用途和分配给投资者的行为。利润分配的过程和结果不仅关系到每个股东的合法权益是否得到保障，而且还关系到企业的未来发展。

（一）核算内容

1. 利润的形成

利润的形成一般有3种不同的表述含义，即营业利润、利润总额、净利润。

①营业利润。

营业利润是指企业进行生产经营活动与其他日常活动所获得的利润，具体是指营业收入减去营业成本、营业税金及附加、销售费用、管理费用和财务费用后的余额，加上投资收益所形成的利润额。公式如下：

营业利润＝营业收入－营业成本－营业税金及附加－销售费用－管理费用－财务费用
　　　　－资产减值损失＋公允价值变动收益（－公允价值变动损失）
　　　　＋投资收益（－投资损失）

其中：

营业收入是指企业经营业务所确认的收入总额，包括主营业务收入和其他业务收入。即：营业收入＝主营业务收入＋其他业务收入

营业成本是指企业经营业务所发生的实际成本总额，包括主营业务成本和其他业务成本。即：营业成本＝主营业务成本＋其他业务成本

资产减值损失是指企业计提的各项资产减值准备所形成的损失。

公允价值变动收益（或损失）是指企业交易性金融资产等公允价值变动所形成的应计入当期损益的利得（或损失）。

投资净收益是指企业对外投资所获取的收益扣除投资损失后的净额。投资收益包括企业对外投资的债券、股利、利润、投资到期收回或转让所得的价款与投资账面价值之间的差额等。

②利润总额。

利润总额＝营业利润＋营业外收入－营业外支出

③净利润。

净利润是企业的利润总额减去所得税费后的余额。即：

净利润＝利润总额－所得税费用

应交所得税是指企业按照税法规定，计算确定的针对当期发生的交易和事项应交缴给税务部门的所得税金额。应纳税所得额是在企业税前会计利润（即利润总额）的基础上调整确定的，计算公式为：

应纳税所得额＝税前会计利润＋纳税调整增加额－纳税调整减少额

应交所得税额＝应纳税所得额×所得税税率

你知道吗

纳税调整增加额主要包括税法规定允许扣除项目中，企业已计入当期费用但超过税法规定扣除的金额（如超过税法规定标准的业务招待费、公益性捐赠支出、广告费和业务宣传费等），

以及企业已计入当期损失但税法规定不允许扣除项目的金额（如税收滞纳金、行政性罚款等）。

纳税调整减少额主要包括税法规定允许弥补的亏损和准予免税的项目，如前五年内的未弥补亏损和国债利息收入等。

2．利润的分配

企业将实现的净利润按照国家财务制度规定的分配形式和分配顺序，在国家、企业和投资者之间进行分配。企业的利润分配，一般按下列顺序进行：

①弥补以前年度亏损。

②提取法定盈余公积金。

法定盈余公积金按照税后净利润的10%提取。法定盈余公积金已达注册资本的50%时可不再提取。提取的法定盈余公积金用于弥补以前年度亏损或转增资本金。转增资本金后留存的法定盈余公积金不得低于注册资本的25%。

③提取任意盈余公积金。

按照公司章程或股东大会决议，可以计提任意盈余公积金，计提标准由股东大会确定，用途与法定盈余公积相同。

④向股东（投资者）支付股利（分配利润）。

企业提取盈余公积金以后，按合同或协议的规定，向投资者分配利润（或股利）。企业本年实现的净利润，加上以前年度未分配的利润，可以并入本年度利润分配，形成可供分配的利润。可供分配的利润，经过以上分配后所剩余额，即为未分配利润。未分配利润也可以留待以后年度进行分配。

（二）账户设置

企业通常设置"本年利润""营业税金及附加""投资收益""所得税费用"等账户对利润形成业务进行账务处理；设置"利润分配""盈余公积""应付股利"等账户对利润分配业务进行账务处理。

1．"本年利润"账户

"本年利润"账户属于所有者权益类账户，用以核算企业当期实现的净利润（或发生的净亏损）。企业期（月）未结转利润时，应将各损益类账户的金额转入本账户，结平各损益类账户。

该账户贷方登记企业期（月）末转入的主营业务收入、其他业务收入、营业外收入和投资收益等；借方登记企业期（月）末转入的主营业务成本、营业税金及附加、其他业务成本、管理费用、财务费用、销售费用、营业外支出、投资损失和所得税费用等。上述结转完成后，余额如在贷方，即为当期实现的净利润；余额如在借方，即为当期发生的净亏损。年度终了，应将本年收入和支出相抵后结出的本年实现的净利润（或发生的净亏损）转入"利润分配——未分配利润"账户贷方（或借方），结转后本账户无余额。

2."营业税金及附加"账户

"营业税金及附加"账户属于损益类账户,用以核算企业经营活动发生的消费税、城市维护建设税、资源税和教育费附加等相关税费。该账户借方登记企业应按规定计算确定的与经营活动相关的税费,贷方登记期末转入"本年利润"账户的与经营活动相关的税费。期末结转后,该账户无余额。

3."所得税费用"账户

"所得税费用"账户属于损益类账户,用以核算企业确认的应从当期利润总额中扣除的所得税费用。该账户借方登记企业应计入当期损益的所得税,贷方登记企业期末转入"本年利润"账户的所得税。期末结转后,该账户无余额。

4."利润分配"账户

"利润分配"账户属于所有者权益类账户,用以核算企业利润的分配(或亏损的弥补)和历年分配(或弥补)后的余额。该账户借方登记实际分配的利润额,包括提取的盈余公积和分配给投资者的利润,以及年末从"本年利润"账户转入的全年发生的净亏损;贷方登记用盈余公积弥补的亏损额等其他转入数,以及年末从"本年利润"账户转入的全年实现的净利润。年末,应将"利润分配"账下的其他明细账户的余额转入"未分配利润"明细账户,结转后,除"未分配利润"明细账户可能有余额外,其他各个明细账户均无余额。"未分配利润"明细账户的贷方余额为历年累积的未分配利润(即可供以后年度分配的利润),借方余额为历年累积的未弥补亏损(即留待以后年度弥补的亏损)。

该账户分别按"提取法定盈余公积""提取任意盈余公积""应付现金股利或利润""转作股本的股利""盈余公积补亏"和"未分配利润"等设置明细分类账户,进行明细核算。

5."盈余公积"账户

"盈余公积"账户属于所有者权益类账户,用以核算企业从净利润中提取的盈余公积。该账户贷方登记提取的盈余公积,即盈余公积的增加额;借方登记实际使用的盈余公积,即盈余公积的减少额。期末余额在贷方,反映企业结余的盈余公积。该账户分别按"法定盈余公积""任意盈余公积"等设置明细分类账户,进行明细核算。

6."应付股利"账户

"应付股利"账户属于负债类账户,用以核算企业分配的现金股利或利润。该账户贷方登记应付给投资者股利或利润的增加额;借方登记实际支付给投资者的股利或利润,即应付股利的减少额。期末余额在贷方,反映企业应付未付的现金股利或利润。该账户可按投资者设置明细分类账户,进行明细核算。

(三)账务处理

1.营业税金及附加的账务处理

企业按规定计算确定的消费税、城市维护建设税和教育费附加等税费,应借记"营业税金及附加"账户，贷记"应交税费"账户；期末，应将"营业税金及附加"账户余额转入"本年利润"账户，贷记"营业税金及附加"账户。

---- 情景案例36 ----

木子公司2017年6月30日取得的应纳消费税的商品销售收入为200 000元，该产品适用的消费税税率为10%。

🔍 工作分析

该项经济业务的发生，一方面使木子公司营业税金及附加增加20 000元（即200 000×10%），应计入"营业税金及附加"账户的借方；另一方面使木子公司应交税费增加20 000元，应计入"应交税费"账户的贷方。

▶ 工作成果

对相关的原始凭证审核无误后，根据"应交消费税计提表"，编制会计分录如下：

借：营业税金及附加　　　　　　20 000
　　贷：应交税费——应交消费税　　20 000

---- 情景案例37 ----

2017年6月30日，木子公司按照税法规定，按7%的税率和3%的征收率计算应交城市维护建设税和教育费附加，本月应交的消费税为20 000元、增值税为58 000元。

🔍 工作分析

由于木子公司本月没有应交营业税，因此，本月应交的城市维护建设税和教育费附加的计算依据是当期应缴纳的消费税额和增值税额。计算如下：

应交城市维护建设税＝（消费税＋增值税）×适用税率
　　　　　　　　　＝（20 000＋58 000）×7%＝5 460（元）

应交教育费附加＝（消费税＋增值税）×适用税率
　　　　　　　＝（20 000＋58 000）×3%＝2 340（元）

该项经济业务的发生，一方面使木子公司营业税金及附加增加7 800元（即5 460＋2 340），应计入"营业税金及附加"账户的借方；另一方面使木子公司应交税费增加7 800元，应计入"应交税费"账户的贷方。

▶ 工作成果

对相关的原始凭证审核无误后，根据"应交城市维护建设税和教育费附加计提表"，编制会计分录如下：

借：营业税金及附加　　　　　　　　　　7 800
　　贷：应交税费——应交城市维护建设税　　5 460
　　　　　　　　——应交教育费附加　　　　2 340

项目三　旅途中的成长

2. 利润形成的账务处理

利润形成的账务处理主要涉及期末结转业务。期末，将损益类账户的贷方（或借方）余额转入"本年利润"账户的借方或贷方。结转后，损益类账户余额为零。

情景案例38

2017年12月31日，木子公司有关损益类账户的年末余额如表3-2所示（该企业采用表结法年末一次结转损益类账户）。

表3-2　　　　　　　　　　损益类账户年末余额

账户名称	结转前的余额（元）	
	借方	贷方
主营业务收入		4 000 000
其他业务收入		500 000
公允价值变动损益		100 000
投资收益		250 000
营业外收入		30 000
主营业务成本	2 500 000	
其他业务成本	300 000	
营业税金及附加	45 000	
销售费用	400 000	
管理费用	450 000	
财务费用	150 000	
营业外支出	100 000	

🔍 **工作分析**

企业期末应将各损益类账户的金额转入"本年利润"账户，结平各损益类账户。

首先，应将有贷方余额的各损益类账户（增加利润）从其借方转入"本年利润"账户的贷方；其次，应将有借方余额的各损益类账户（减少利润）从其贷方转入"本年利润"账户的借方。

▸ **工作成果**

根据上述资料，期末结转本月损益类账户所编制的会计分录如下：

（1）将损益类账户的贷方余额从各个账户的借方转入"本年利润"账户的贷方：

借：主营业务收入　　　　4 000 000
　　其他业务收入　　　　500 000
　　公允价值变动损益　　100 000

  投资收益　　　　　　　250 000
  营业外收入　　　　　　30 000
 贷：本年利润　　　　　　4 880 000

（2）将损益类账户的借方余额从各个账户的贷方转入"本年利润"账户的借方：

借：本年利润　　　　　　　3 945 000
 贷：主营业务成本　　　　2 500 000
  其他业务成本　　　　300 000
  营业税金及附加　　　45 000
  销售费用　　　　　　400 000
  管理费用　　　　　　450 000
  财务费用　　　　　　150 000
  营业外支出　　　　　100 000

利润总额＝4 880 000－3 945 000＝935 000（元）

3．所得税费用的账务处理

企业通过"所得税费用"账户核算企业所得税费用的确认及其结转情况。期末，应将"所得税费用"账户的余额转入"本年利润"账户，借记"本年利润"账户，贷记"所得税费用"账户，结转后本账户无余额。

情景案例39

承上例资料，木子公司2017年的利润总额为935 000元，当年发生税收滞纳金20 000元。假定公司全年无其他纳税调整因素，适用的所得税税率为25%。

工作分析

应纳税所得额＝利润总额＋纳税调整增加额＝935 000＋20 000＝955 000（元）

应交所得税＝955 000×25%＝238 750（元）

该项经济业务的发生，一方面使木子公司的所得税费用增加238 750元，应计入"所得税费用"账户的借方；另一方面使木子公司应交所得税增加238 750元，应计入"应交税费"账户的贷方。

工作成果

对相关的原始凭证审核无误后，根据企业所得税计算单，编制会计分录如下：

借：所得税费用　　　　　　　　238 750
 贷：应交税费——应交所得税　238 750

情景案例40

2017年12月31日，结平损益类的"所得税费用"账户。

🔍 工作分析

"所得税费用"账户属于损益类账户,所以应将其借方余额238 750元从贷方结转至"本年利润"账户的借方。

▶ 工作成果

根据相关账簿资料,编制会计分录如下:

借:本年利润　　　　238 750
　　贷:所得税费用　　　238 750

本年实现的净利润= 935 000－238 750＝696 250(元)

4. 利润分配的账务处理

会计期末,企业应将当年实现的净利润转入"利润分配——未分配利润"账户,即借记"本年利润"账户,贷记"利润分配——未分配利润"账户;如为净亏损,则做相反的会计分录。

企业提取法定盈余公积时,借记"利润分配——提取法定盈余公积"账户,贷记"盈余公积——法定盈余公积"账户;提取任意盈余公积时,借记"利润分配——提取任意盈余公积"账户,贷记"盈余公积——任意盈余公积"账户。

企业根据股东大会或类似机构审议批准的利润分配方案,按应支付的现金股利或利润,借记"利润分配——应付现金股利",贷记"应付股利"等账户。

年度终了,企业应将"利润分配"账户所属其他明细账户的余额转入该账户"未分配利润"明细账户,即借记"利润分配——未分配利润"等账户,贷记"利润分配——提取法定盈余公积""利润分配——提取任意盈余公积""利润分配——应付现金股利"等账户。结转后,"利润分配"账户除"未分配利润"明细账户外,所属其他明细账户无余额。"未分配利润"明细账户的贷方余额表示累积的未分配的利润,该账户如果出现借方余额,则表示累积未弥补的亏损。

情景案例41

2017年12月31日,木子公司结平全年实现的净利润696 250元。

🔍 工作分析

年末,应将"本年利润"账户贷方余额696 250元从其借方转入"利润分配——未分配利润"明细账户的贷方,结转后,"本年利润"账户无余额。

▶ 工作成果

根据相关账簿资料,编制会计分录如下:

借:本年利润　　　　　　　　　696 250
　　贷:利润分配——未分配利润　696 250

情景案例42

2017年12月31日,木子公司根据有关规定,按税后净利润696 250元的10%计提法定盈余公积。

🔍 工作分析

该项经济业务的发生,一方面使木子公司的法定盈余公积增加69 625元(696 250×10%),应计入"盈余公积"账户的贷方;另一方面计提盈余公积属于利润分配,应计入"利润分配"账户的借方。

▶ 工作成果

根据盈余公积计算表,编制会计分录如下:

借:利润分配——提取法定盈余公积　　69 625
　　贷:盈余公积——法定盈余公积　　　69 625

情景案例43

木子公司根据董事会决议,决定向投资者分配现金股利200 000元。

🔍 工作分析

该项经济业务的发生,一方面使木子公司应付给投资者的现金股利增加200 000元,应计入"应付股利"账户的贷方;另一方面使木子公司已分配利润增加200 000元,应计入"利润分配"账户的借方。

▶ 工作成果

根据董事会决议,编制会计分录如下:

借:利润分配——应付现金股利　　200 000
　　贷:应付股利　　　　　　　　　200 000

情景案例44

年终结转全年已分配的利润。

🔍 工作分析

将"利润分配"账户所属其他明细账户的借方余额269 625元(其中"提取法定盈余公积"69 625元,"应付现金股利"200 000元)结转至"利润分配——未分配利润"明细分类账户的借方。

▶ 工作成果

根据相关账簿资料,编制会计分录如下:

借:利润分配——未分配利润　　　　269 625
　　贷:利润分配——提取法定盈余公积　69 625
　　　　利润分配——应付现金股利　　200 000

项目总结

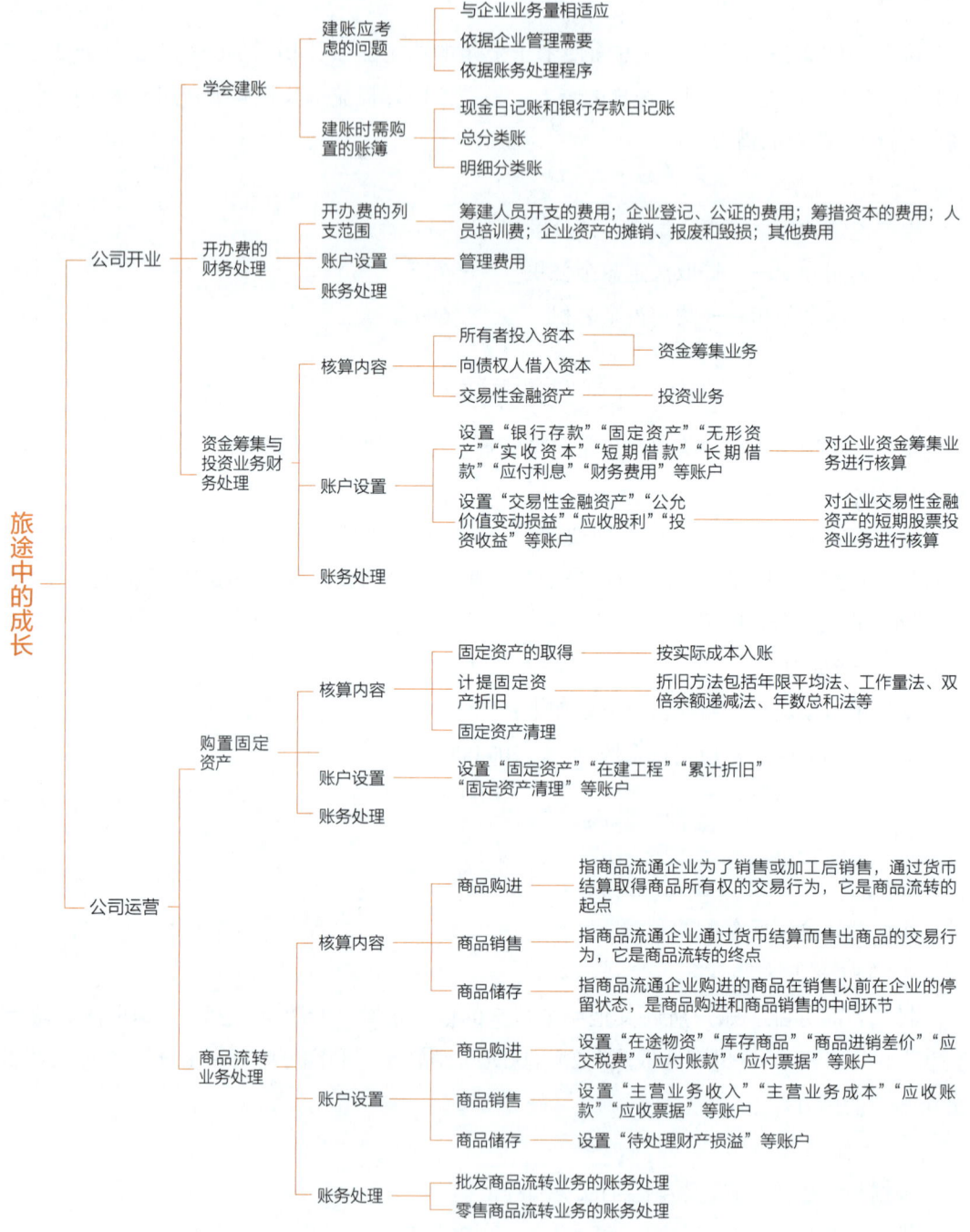

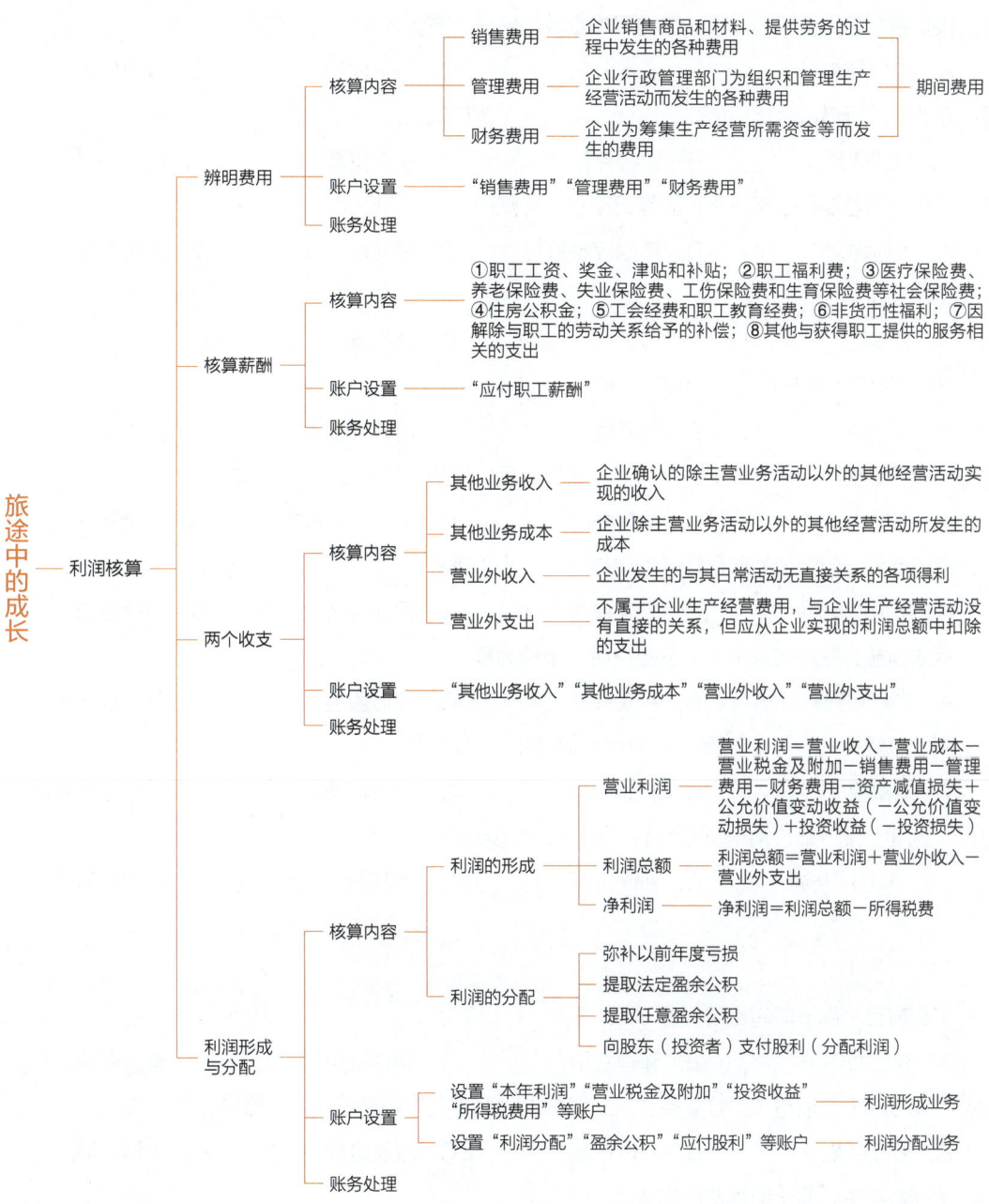

知识巩固

一、单项选择题

1. 投资者实际出资额超过其认缴的资本金数额部分，应计入（   ）账户。
   A. 实收资本   B. 资本公积   C. 盈余公积   D. 营业外收入
2. 企业向银行借入两年期借款，应计入（   ）账户的贷方。
   A. 短期借款   B. 银行存款   C. 长期借款   D. 应付账款
3. 采购员出差预借差旅费时，应借记（   ）账户。
   A. 在途物资   B. 其他应收款   C. 其他应付款   D. 管理费用
4. "累计折旧"账户，属于（   ）账户。
   A. 成本类   B. 负债类   C. 资产类   D. 损益类
5. "销售费用"属于（   ）账户。
   A. 资产类   B. 负债类   C. 所有者权益类   D. 损益类
6. 结转已销售产品实际成本时，贷记"库存商品"账户，借记（   ）账户。
   A. 生产成本   B. 销售费用   C. 主营业务成本   D. 本年利润
7. 月末计算出应缴纳的所得税时，应借记（   ）账户。
   A. 所得税费用   B. 应交税费   C. 营业税金及附加 D. 管理费用
8. 期末损益类账户转入（   ）账户后，余额为零。
   A. 本年利润   B. 利润分配   C. 应付股利   D. 所得税费用
9. 利润总额减去（   ）后的余额称为净利润。
   A. 增值税   B. 营业税   C. 所得税费用   D. 城市维护建设税
10. "利润分配"账户期末贷方余额，反映企业历年积存的（   ）。
    A. 未分配利润   B. 利润总额   C. 净利润   D. 未弥补亏损

二、多项选择题

1. 下列项目中属于期间费用的有（   ）。
   A. 制造费用   B. 管理费用   C. 销售费用   D. 财务费用
2. 下列账户中，能与"主营业务收入"账户发生对应关系的是（   ）账户。
   A. 银行存款   B. 应付账款   C. 应收账款   D. 本年利润
3. 下列费用中，属于销售费用的有（   ）。
   A. 代垫运费   B. 广告费   C. 产品运输费   D. 产品展览费
4. 通过"营业税金及附加"账户核算的税金有（   ）。
   A. 增值税   B. 所得税   C. 营业税   D. 城市维护建设税
5. 企业结转已销产品的生产成本时，应通过（   ）账户核算。

A. 生产成本　　　　B. 主营业务成本　　　C. 库存商品　　　　D. 本年利润

6. 企业的利润总额包括（　　）。

　　A. 营业利润　　　　B. 投资收益　　　　　C. 营业外收入　　　D. 营业外支出

7. 下列各项中，影响企业营业利润的项目有（　　）。

　　A. 管理费用　　　　B. 投资收益　　　　　C. 营业税金及附加　D. 营业外收入

8. 下列项目中，属于营业外收入的是（　　）。

　　A. 处置无形资产净收益　　　　　　　　　B. 销售材料收入
　　C. 提供劳务收入　　　　　　　　　　　　D. 处置固定资产净收益

9. 下列项目中，属于营业外支出的是（　　）。

　　A. 存货盘亏　　　　B. 固定资产盘亏　　　C. 捐赠支出　　　　D. 非常损失

10. 年末结转后，"利润分配"账户各明细账中没有余额的是（　　）。

　　A. 提取法定盈余公积　　　　　　　　　　B. 提取任意盈余公积
　　C. 应付普通股股利　　　　　　　　　　　D. 未分配利润

三、判断题

1. 企业一般按月计提固定资产折旧，应当根据固定资产的用途分别计入相关资产的成本或当期损益。（　　）
2. "库存商品"科目本期借方发生额，反映企业本期发出库存商品进价或售价。（　　）
3. 管理费用的发生额会直接影响到当期产品成本和当期利润总额。（　　）
4. 预收账款情况不多的，也可以不设置"预收账款"账户，将预收的款项直接计入"应付账款"账户。（　　）
5. 企业向银行或其他金融机构借入的款项应通过"长期借款"科目进行核算。（　　）
6. 企业的所得税费用一定等于企业的利润总额乘以所得税税率。（　　）
7. 期末，企业应将"本年利润"科目余额结转计入"利润分配"科目的贷方。（　　）
8. 增值税一般纳税人当期应纳的增值税额，应等于当期的销项税额减当期的进项税额。（　　）
9. 增值税一般纳税人在确认商品销售收入的同时应核算增值税销项税额。（　　）
10. 年末结转后"利润分配——未分配利润"账户的借方余额，即为企业历年积存的未分配利润。（　　）

技能训练

大鹏批发公司2017年7月发生以下经济业务，请根据经济业务编制相应的会计分录。

1. 1日，收到大华公司投入的货币资金500 000元，存入银行。
2. 1日，向银行取得为期3年的借款200 000元，借款年利率6%，款项已转存银行。

3. 5日，建华公司以机器设备一台作为对大鹏公司的投资，双方协商作价500 000元。
4. 6日，公司溢价发行股票，面值100 000元，实际收到发行款120 000元，已存入银行。
5. 8日，公司发现一台设备由于性能等原因提前报废，原价500 000元，已计提折旧450 000元，未计提减值准备。报废时的残值变价收入为20 000元，报废清理过程中发生清理费用3 500元。有关收入、支出均通过银行办理结算，不考虑相关税金。
6. 9日，企业将现金6 000元存入银行。
7. 10日，大鹏批发公司购入毛绒玩具1 500个，单价30元，取得增值税专用发票注明的价款为45 000元，增值税为7 650元。款项及税金均未支付，商品由采购员提回交仓库。
8. 12日，销售商品一批，开出增值税专用发票，注明价款68 000元，增值税税额11 560元，收到对方开出的一张3个月到期的银行承兑汇票，面值79 560元，抵付商品货款。
9. 7月初，毛绒玩具库存为30 000元，本月购进45 000元，本月销售收入125 000元，发生销售退回和销售折让为10 000元，上月该类商品的毛利率为20%。采用毛利率法结转商品成本。
10. 11日，开出一张现金支票，支付业务招待费4 800元。
11. 13日，公司开出转账支票一张，向希望工程捐款300 000元。
12. 18日，销售部张明报销差旅费750元，出差时预付差旅费700元，补付现金50元。
13. 20日，公司用现金购买办公用品350元，交厂部使用。
14. 21日，开出一张转账支票给当地电视台，支付销售产品的广告费20 000元。
15. 24日，储运部"商品盘点短缺溢余报告单"显示，毛绒玩具短缺12个，金额360元；经查，短缺商品是保管人员责任，决定由保管员赔偿，赔偿款尚未收到。
16. 26日，取得出租固定资产收入12 000元，通过银行收款。
17. 根据"工资结算汇总表"结算本月应付职工工资总额462 000元，已通过银行向职工转账。
18. 本月"固定资产折旧计算表"中确定的应提折旧额为：销售部门1 565元，行政管理部门3 388元。
19. 31日，计提短期借款利息3 000元。
20. 31日，取得应纳消费税的商品销售收入1 000 000元，该商品适用的消费税税率为10%，并以银行存款支付消费税。
21. 31日，计算本月已售全部商品应缴纳的城市维护建设税158 200元，教育费附加67 800元。
22. 31日结转本月实现的各项收入，其中主营业务收入5 200 000元，其他业务收入300 000元，营业外收入100 000元。
23. 31日结转本月实现的各项成本、费用，其中主营业务成本2 680 000元，其他业务成本186 000元，营业税金及附加326 000元，销售费用230 000元，管理费用108 000元，财务费用60 000元，营业外支出300 000元。
24. 31日，公司按照当月利润总额，按25%的税率计算所得税并予以结转。
25. 31日，经股东大会审议通过，按税后利润10%提取盈余公积。

26. 31日，将股东大会审议通过，将剩余利润的40%分配给股东。
27. 31日，结转本月净利润641 250元至利润分配账户。
28. 31日，公司将已经提取的法定盈余公积金128 250元、已经分配的应付现金股利513 000元，分别从"利润分配——提取法定盈余公积"和"利润分配——应付现金股利"明细账户结转入"未分配利润"明细账户。

项目四　旅途中的邂逅

学习目标

　　本项目是会计旅途中结识的新成员，主要介绍成本性态及本量利分析。通过本项目的学习，学生应该做到以下几点：
1. 理解成本的概念、分类，熟悉成本性态的概念、分类。
2. 掌握成本性态分析方法，能够运用成本性态分析方法对成本进行分析。
3. 理解本量利分析的概念，熟知本量利分析的基本公式，并掌握本量利来分析相关指标的计算。
4. 掌握保本、保利分析，能够结合实例对单一品种条件下企业保本点、保利点进行计算分析。

> **案例导入**

"机会成本"的作用

陈晨打算用自己的沿街房开一个小卖部,她估算每月流水6 000元,进货成本2 500元,水、电及税费等支出600元,折旧费300元,雇用临时工的月工资为1 000元,陈晨每月可净赚1 600元(即6 000－2 500－600－300－1 000)。但是如果陈晨不开小卖部可以将房子出租,每月收取租金1 000元,同时自己去上班每月工资2 000元。分析之后,陈晨取消了开小卖部的念头。

你知道陈晨为什么不开小卖部吗?陈晨所考虑的成本除了实实在在发生的可以计入账簿中的支出,还包括由于开小卖部而放弃的潜在收益,即出租房屋收取的租金1 000元和可能获取的月工资2 000元。所以,陈晨认为开小卖部的全部成本为7 400元。

你知道她这样考虑的成本和财务会计中的成本有什么不同吗?

你知道吗 管理会计中的成本

财务会计中的成本是在一定条件下企业为生产一定产品所发生的各种耗费的货币表现;而管理会计中的成本则是指企业在生产经营过程中对象化的、以货币表现的、为达到一定目的而应当或可能发生的各种经济资源的价值牺牲或代价,成本中包含了机会成本、沉没成本等。

机会成本:为了得到某种东西而所要放弃另一些东西的最大价值。比如在图书馆看书学习还是享受电视剧带来的快乐之间进行选择。在图书馆看书学习的机会成本是少享受电视剧带来的快乐,享受电视剧的机会成本是失去了在图书馆看书学习所得到的东西。

沉没成本:由于过去决策已经发生了的,而不能由现在或将来任何决策改变的成本。如买票看电影,会有两种可能的结果:一是付钱后发现电影不好看,但忍受着看完;二是付钱后发现电影不好看,退场去做别的事情。决策思路为:付的钱是沉没成本,所以不应再考虑。如果后悔买票了,你当前的决定应该是基于你是否继续看这部电影,而不是你为了这部电影付了多少钱。

相关知识

任务1　成本性态

一、成本的分类

（一）成本按其经济用途分类

在财务会计中，为了正确确定产品生产过程中的实际耗费和计算损益，将成本按照经济用途分类，可以分为生产成本和非生产成本两大类，如图4-1所示。

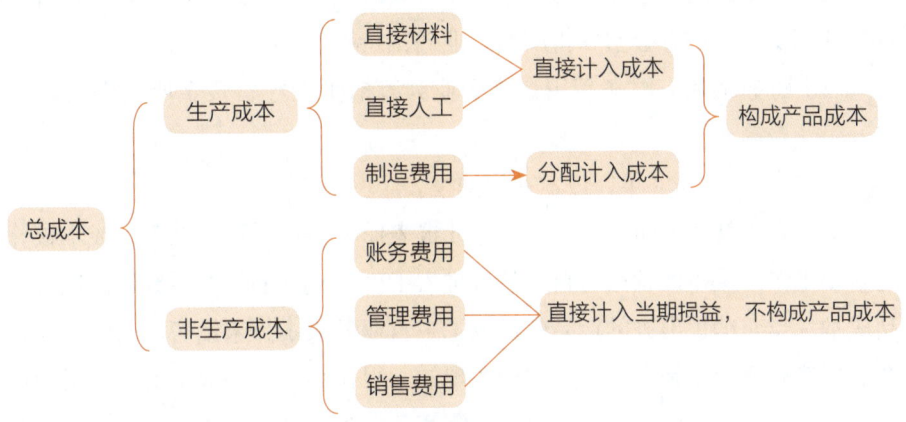

图4-1　成本按其经济用途分类

1．生产成本

生产成本是指生产过程中为制造产品而发生的成本，这些成本是能够对象化的，其发生的对象就是产品，所以又称产品成本。根据这些成本具体的经济用途又可分为直接材料、直接人工和制造费用三个成本项目。

（1）直接材料。直接材料是指用于产品生产，构成产品实体的材料成本。"直接"是指耗费的材料成本能够明确归属于某个产品或者说能够清楚它是为哪些产品而发生的。

（2）直接人工。直接人工是指生产过程中对材料进行直接加工使它变成产品所耗费的人工成本。通常是指生产工人的工资、福利等劳动所得。

（3）制造费用。制造费用是指除了直接材料和直接人工以外的各项间接费用，包括间接材料（如各种物料用品等）、间接人工（如维修人员、警卫人员的工资等）、其他间接费用（如生产使用的固定资产折旧费、设备保险费、不动产税费、机器维护修理费用等）。

由于直接人工和制造费用是将原材料加工为最终产品的成本，因此两者被合称为加工成本。

2. 非生产成本

非生产成本,是指营业与行政管理方面发生的费用,不能直接归属于某个特定产品而应归属于一定会计期间的非生产性耗费,包括销售费用、管理费用和财务费用。这些成本的发生不能对象化,也就是没有产品来承担这种耗费。但是它对于企业进行日常管理、产品营销以及筹资活动有着重要的意义,是维持企业正常经营所必需的资源耗费。财务会计一般将这类成本与会计期间相联系,又称期间成本。

(1)销售费用。销售费用是指在销售过程中为销售产品而发生的费用,如广告费、展销费及销售机构的职工工资、福利费等。

(2)管理费用。管理费用是指企业行政管理部门为组织和管理生产经营活动而发生的各项费用支出,如办公费、折旧费、业务招待费等。

(3)财务费用。财务费用是指企业为筹措生产经营资金所发生的费用,如借款利息费、手续费等。

3. 生产成本与非生产成本在会计报表中的对应项目

财务会计以每个期间对外提供会计报表作为会计循环的结束,成本核算是会计循环中的重要工作,从生产领用材料开始就进入了生产成本的核算,到产品完工入库就形成了产品成本,当期销售出去的产品就形成了主营业务成本,未销售出去的产品就形成了存货。企业创造的价值就是在这一过程中实现的。很显然,产品成本要在存货和销货成本中进行分配。存货作为一项资产项目要进入资产负债表。销货成本,也就是主营业务成本项目,作为衡量产品生产过程中是否盈利的基础要与主营业务收入相对比,计算销售利润,要进入利润表。

非生产成本是维持企业日常正常经营所必需的资源耗费,在发生的会计期间内作为收益的一个减项直接进入利润表。

(二)成本按其性态分类

从成本性态角度认识成本,可以揭示成本与业务量之间的内在联系,从而在数量上具体把握产品成本与生产能力之间的规律性联系。这一分类是管理会计中的一项重要的分类,可以分为固定成本、变动成本和混合成本三类,如图4-2所示。

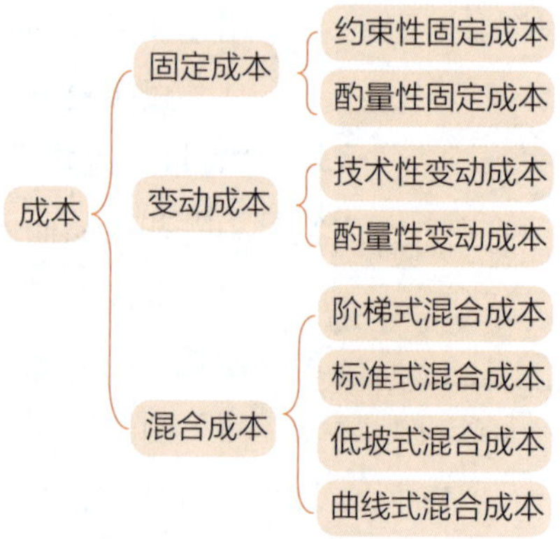

成本
- 固定成本
  - 约束性固定成本
  - 酌量性固定成本
- 变动成本
  - 技术性变动成本
  - 酌量性变动成本
- 混合成本
  - 阶梯式混合成本
  - 标准式混合成本
  - 低坡式混合成本
  - 曲线式混合成本

图4-2 成本按其性态分类

二、成本性态的分类

成本性态又称成本习性,是指在一定条件下成本总额与特定业务量之间的依存关系。

其中,"一定条件"是指一定的时间范围或业务量范围,又称相关范围;"成本总额"是指为取得营业收入而发生的成本费用,包括生产成本和非生产成本;"业务量"是指生产量、销售量或机器工作小时数等。

(一)固定成本

固定成本是指在一定相关范围内,其总额不随业务量的增减变动而变动的成本,如房屋设备租赁费、管理人员的工资、广告费、按直线法计提的固定资产折旧费等。

───── 情景案例1 ─────

某企业租用外单位设备进行产品的加工,每月的租金是6 000元,该设备的最大产能为5 000件/月。当设备加工量在1 000件、2 000件、3 000件、4 000件时,单位产品所负担的租金成本如表4-1所示。

表4-1　　　　　　　　　　固定成本总额与单位固定成本

产量x(件)	总成本a(元)	单位产品负担的成本y(元)
1 000	6 000	6
2 000	6 000	3
3 000	6 000	2
4 000	6 000	1.5

通过表4-1可以表示出固定成本的性态:

$$固定成本 y = 6\,000（元）$$
$$单位固定成本 y = a/x = 6\,000/x$$

从案例中可以看出,单位产品所负担的固定成本与业务量成反比例关系,即业务量的增加会导致单位产品负担的固定成本下降。用数学模型表示固定成本的习性,如图4-3、图4-4所示。

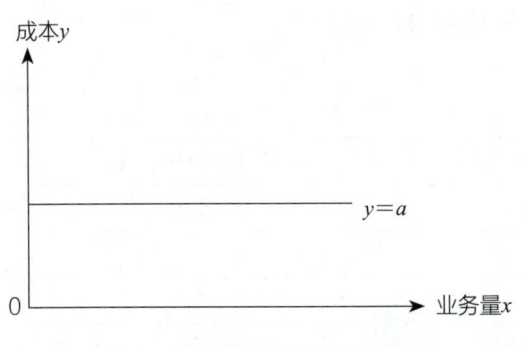

图4-3　固定成本总额性态模型

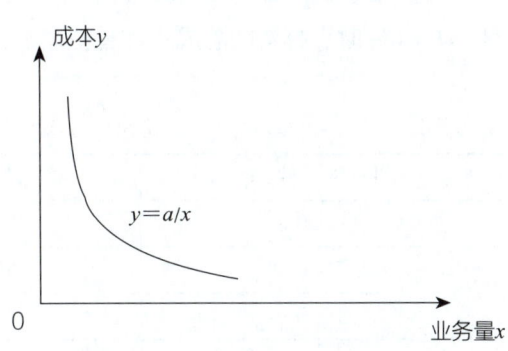

图4-4　单位固定成本性态模型

1. 固定成本特征

一是固定成本总额的不变性,即固定成本总额不随业务量的增减变动而变动,其成本总额性态模型为 $y=a$(图4-3),其成本总额不随业务量而变化。二是单位固定成本的反比例变动性,即单位固定成本随业务量的增减而成反比例变动,其单位固定成本性态模型为 $y=a/x$(图4-4)。

2. 固定成本的分类

固定成本按其是否受管理当局短期决策行为的影响,通常又可分为酌量性固定成本与约束性固定成本。

(1)酌量性固定成本。酌量性固定成本是指受管理当局短期决策行为的影响,可以在不同时期改变其数额的那部分固定成本,如广告宣传费、职工培训费、研究开发费等。这类成本的特点是成本数额可以根据经营方针作适当调整,其发生额与企业的产量无直接关系。对酌量性固定成本的控制方法是从实际出发,精打细算,尽量减少其对绝对额的支出,不断提高其经济效益。

(2)约束性固定成本。约束性固定成本是指不受管理当局短期决策行为影响的那部分固定成本。它与企业经营能力的形成及其维护直接相联系,属于经营能力成本,如厂房和机器设备的折旧费、保险费和财产税等。这类成本的特点是成本数额与企业经营能力相联系,一旦形成,在短期内难以作较大变动。要控制约束性固定成本,必须合理利用生产能力,提高产品产量。只有这样才能相对降低单位产品负担的固定成本。

(二)变动成本

变动成本是指一定相关范围内,其成本总额随业务量成正比例变动的那部分成本,如直接材料、直接人工、按销量支付的销售佣金、装运费、包装费、按生产数量法计提的折旧费等。

> **情景案例2**

某企业单位产品的直接材料成本为50元,当业务量分别为1 000件、2 000件、3 000件、4 000件时,材料的总成本和单位产品的材料成本如表4-2所示。

表4-2　　　　材料总成本与单位产品的材料成本

业务量x(件)	材料总成本y(元)	单位产品材料成本b(元)
1 000	50 000	50
2 000	100 000	50
3 000	150 000	50
4 000	200 000	50

通过表4-2可以表示出变动成本的性态：

$$变动成本 bx = 50x$$

$$单位变动成本 b = 50$$

从案例中可以看出，当业务量增加时，变动成本总额也随之成正比例增加，但单位变动成本始终保持不变，均为50元。用数学模型表示变动成本的习性，如图4-5、图4-6所示。

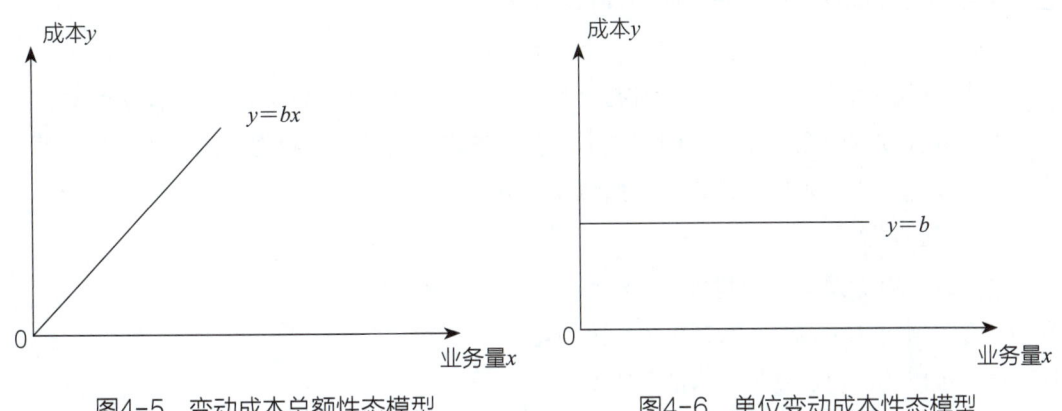

图4-5　变动成本总额性态模型　　　　图4-6　单位变动成本性态模型

1. 变动成本特征

变动成本具有两个特性：一是变动成本总额的正比例变动性，即变动成本总额随业务量的变化而成正比例变化，其成本总额性态模型为$y=bx$（图4-5）。二是单位变动成本的不变性，即在业务量不为零时，单位变动成本不受业务量的增减影响而保持不变，其单位变动成本性态模型为$y=b$（图4-6）。

2. 变动成本的分类

变动成本按其发生的原因进一步细分为技术性变动成本和酌量性变动成本。

（1）技术性变动成本。也称约束性变动成本，是指其单位成本受客观因素决定，消耗量由技术因素决定的那部分变动成本。该成本与业务量有明确的技术或实物关系，通常表现为直接材料成本、直接人工成本。当企业将产品设计完成后，其产品外形、大小、色彩、重量和品质就已经确定下来，其生产过程中耗费的直接材料、直接人工成本的大小就具有了很大程度上的约束性。这类成本可以通过改进设计方案、改造工艺技术条件、采用新设备等技术革新手段来降低其单位产品成本。

（2）酌量性变动成本。酌量性变动成本是指单位成本不受客观因素决定、企业管理者可以改变其数额的那部分变动成本。例如，在达到质量要求的情况下，企业可以采购价格水平不同的原材料，其原材料成本就属于酌量性变动成本。按销售收入的一定比例计算的销售佣金，在确定销售佣金时必须考虑所销产品的市场情况，并由经理决定销售佣金计提的百分数。降低这类成本可以通过合理决策、控制开支、降低材料采购成本、优化劳动组合、强化预算控制来实现。

（三）混合成本

在实际工作中，往往还会遇到一些成本兼有固定成本和变动成本的特性。这类成本总额会随业务量的变动而变动，但其变动幅度并不随业务量的变动保持严格的比例，因此，将它们统称为混合成本。可以用下面的等式来表示：

$$y = a + bx$$

式中：y 代表混合成本；a 代表固定成本总额；b 代表单位变动成本；x 代表业务量。

根据混合成本中变动成本和固定成本与业务量之间的关系，可将其进一步分为半变动成本、半固定成本、延期变动成本和曲线变动成本。

议一议

变动成本是产品成本的增量成本？

1. 半变动成本

这类成本通常拥有一个基数，一般不变，类似固定成本；在此基数上，随业务量的增加，成本也成相应比例增加，这部分成本又类似于变动成本，如电话费、水电费等。这些服务一般包括两部分：一部分是基数，享受单位不管使用与否都必须支付，属于固定成本性质；另一部分则根据耗用量的多少乘以单价计算，属于变动成本性质，其成本性态模型如图4-7所示。

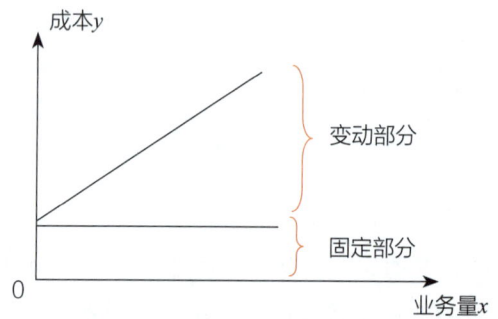

图4-7 半变动成本的性态模型

想一想

某企业租用一台机器，租约规定每年支付固定租金3 000元，与此同时机器运转1小时支付运行租金0.5元。该机器今年累计运转了4 000小时，共需支付多少租金？

2. 半固定成本

这类成本在一定业务量范围的发生额是固定的，但业务量增长到一定限度，其发生额就会突然跃到一个新的水平，然后在业务量增长的一定范围内，发生额又保持不变，直到另一个新的跳跃点出现为止。如化验员、检验员的工资，以及受班次影响的动力费、整车运输费等，都属于半固定成本，其成本性态模型如图4-8所示。

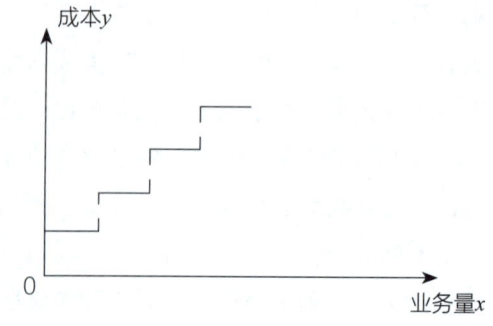

图4-8 半固定成本性态模型

情景案例3

某企业最大生产能力为800件，如果产量在400件以内，需两名检验员，每人每月工资为2 000元，共4 000元，以后产量每增加200件，需增设一名检验员，则产量与检验员工资关系如表4-3所示。

表4-3　　　　　　　　　　产量与检验员工资关系

产量（件）	检验员工资（元）
400件以内	4 000
401～600	6 000
601～800	8 000

通过表4-3可以看出，产品检验员工资就是半固定成本。

3. 延期变动成本

这类成本在一定业务量范围内成本总额保持稳定，但业务量超过一定范围后，成本总额则随着业务量的增长成比例增长。如职工的基本工资在正常工作时间的情况下是不变的，当工作超过正常水平，则要根据加班时间的长短支付加班工资。这类成本称为延期成本，其成本性态模型如图4-9所示。

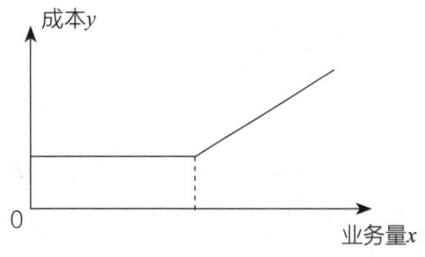

图4-9　延期变动成本性态模型

? 想一想

某企业成品库有固定员工4人，工资总额6 000元。当产量超过4 000件时，雇用临时工，临时工实行计件工资，每包装一件产品支付1元工资。计算员工工资。

4. 曲线变动成本

这类成本通常有一个初始量，一般不变，相当于固定成本，但在这个初始量的基础上，随业务量的增加，其成本总额呈非线性变动，表现为一条曲线，故称为曲线变动成本。这种曲线变动成本又可分为递增型曲线变动成本和递减型曲线变动成本两种。

递增型曲线变动成本是指单位变动成本随业务量的增加而逐渐增加的变动成本，如累进计件工资、各种违约金、罚金等，其性态模型如图4-10所示。

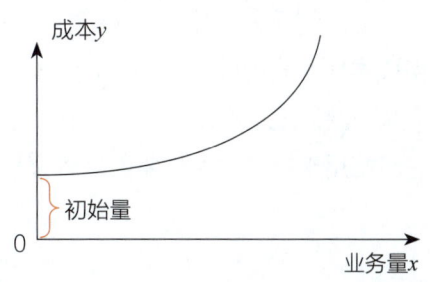

图4-10　递增型曲线变动成本性态模型

项目四　旅途中的邂逅

递减型曲线变动成本是指单位变动成本随业务量的增加而逐渐减少的变动成本，如供货单位根据采购量的大小给予折扣的那部分原材料成本等，其性态模型如图4-11所示。

三、成本性态分析——划清界限

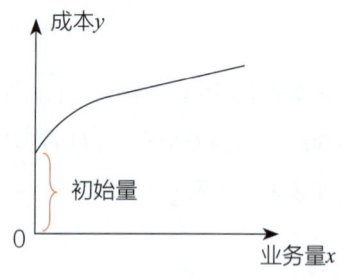

图4-11 递减型曲线变动成本性态模型

成本性态分析就是在成本性态分类的基础上，按照一定的程序和方法，进一步将全部成本分为固定成本和变动成本两大类，并建立相应的总成本模型的过程。经过成本性态分析之后，总成本就被分解为变动成本和固定成本两类，并通过成本模型表现出成本与业务量之间的关系，从而为各项短期决策和控制分析方法奠定基础。

（一）成本性态的分析方法

成本性态分析的方法包括两大类：一类是定性分析法，包括账户分析法、工程分析法；另一类是历史成本分解法（也称定量分析法），包括高低点法、散布图法、回归直线法等。

1．定性分析法

（1）账户分析法。账户分析法又称会计分析法，是指根据各有关成本明细账的发生额，结合其与业务量的依存关系，对每项成本的具体内容进行直接分析，使其分别归入固定成本或变动成本的一种方法。

账户分析法简单、方便，工作量较小，能获得关于成本和业务量依存关系直观的认识和理解，但这种方法得出的结论往往不够准确，特别是对混合成本中固定成本和变动成本的划分，显得比较粗糙。在实践中，账户分析法需要与其他分析方法结合使用，但同时账户分析法也成为其他分析方法的基础。

（2）工程分析法。工程分析法又称技术测定法，它是由工程技术人员通过某种技术方法测定正常生产流程中投入—产出之间的规律性的联系，以便逐项研究决定成本高低的每个因素，并在此基础上直接估算出固定成本和单位变动成本的一种方法。

工程分析法根据生产过程中工程技术的特点来确定消耗量与业务量之间的依存关系，使成本性态分析有比较科学的依据，是在没有历史成本数据的条件下可以采用的最佳分析方法。其局限性在于：一方面它要求一定人力、物力的投入，信息的成本较高；另一方面它只能用于成本发生与业务量有直接联系、消耗过程能单独观察的一些成本项目的分析。

情景案例4

某企业新购置一台齿轮加工机床，其加工属于混合成本，没有历史成本资料。据技术人员介绍，该设备每天使用前需要调试，调试过程中需耗费材料0.5千克，每天生产齿轮制品1 000件，每件制品耗费材料0.2千克。假设材料价格为4元/千克，要求对这项成本进行性态分析。

🔍 工作分析

该项混合成本的分解可采用技术测定法。

▸ 工作成果

根据上述技术人员提供的资料，以齿轮产量代表业务量X：

固定成本部分：0.5千克/天×4元/千克×30天＝60元

变动成本部分：$4×0.2X=0.8X$

该项设备每月的生产成本可分解为：$Y=60+0.8X$

2．历史成本分解法

历史成本分解法是指通过收集企业过去若干期各种成本和业务量的历史资料，运用一定的数学方法进行数据处理，从而确定固定成本和单位变动成本总成本的函数分析方法。这种方法需要获得企业过去的各种成本和业务量数据，同时由于企业未来的成本和过去的成本具有相似性，所以适合于生产经营条件稳定、成本水平变化不大，以及资料比较齐全的企业。历史成本分解法可分为三种方法：

（1）高低点法——粗略的方法。高低点法是对混合成本进行分解的一种简单方法。它是根据一定时期内的最高点和最低点业务量的相应成本关系，来推算混合成本中的固定部分a和单位变动成本b的一种成本性态分析方法。

其具体的分析步骤如下：

第一步，选择高低两点坐标。在已知的一定时期内的有关历史资料中，找出业务量最高点(X_1)及对应的成本(Y_1)，从而确定最高点坐标$(X_1，Y_1)$。同理，确定最低点坐标$(X_2，Y_2)$。

第二步，计算b值。即根据高低点坐标值确定一条直线，该直线可以代表混合成本在一定时期内的变动规律，则该直线的斜率就是该混合成本中变动部分的单位成本b。该直线斜率的计算公式为：

$b=$（最高点成本－最低点成本）/（最高点业务量－最低点业务量）$=(Y_1-Y_2)/(X_1-X_2)$

第三步，计算a值。

$a=$最高点成本$-b×$最高点业务量$=Y_1-bX_1$

或　$a=$最低点成本$-b×$最低点业务量$=Y_2-bX_2$

第四步，建立混合成本性态模型：$Y=a+bX$

💬 你知道吗

　　高低点坐标的选择必须以一定时期内业务量的高低来确定，而不是按成本的高低来确定。

高低点的优点在于简便易行，易于理解。其缺点是由于它只选择了该混合成本历史资料诸多数据中的最高点和最低点两组坐标来确定直线，并以此表示该混合成本的变动规律，从而建立该混合成本的成本性态模型，因而建立的数学模型很可能不具有代表性，容易导致较大的计算误差。因此，这种方法只适用于成本变动趋势比较稳定的企业。

情景案例5

某企业2016年全年产量与成本的资料如表4-4所示，要求用高低点法进行成本性态分析。

表4-4　　　　　　　　　　产量与成本资料

月份	1	2	3	4	5	6	7	8	9	10	11	12
产量(x)	120	130	105	100	90	80	70	85	95	110	125	140
混合成本(y)	900	910	840	850	820	730	720	780	750	890	935	930

🔍 **工作分析**

依案例资料，选择的高低点坐标分别是：高点（140，930），低点（70，720）。

$$b = \frac{930-720}{140-70} = 3$$

$$a = 930 - 3 \times 140 = 510$$

▶ **工作成果**

该混合成本的性态模型为$y = 510 + 3x$

（2）散布图法——直观的方法。散布图法是以横轴代表业务量（X），纵轴代表混合成本金额（Y），把过去某一定期间混合成本的历史数据逐一表明在（X，Y）代表的坐标图上，这样各个历史成本数据就形成若干个成本点散布在坐标图上。然后通过目测，在各个成本点之间画一条能反映成本变动的平均趋势直线，并据以确定混合成本中的固定成本和变动成本各为多少的一种分解混合成本的图示方法。其具体做法如下：

第一步，标出坐标点；

第二步，画线；

第三步，读出a值；

第四步，确定P点坐标；

第五步，求b值；

第六步，将a，b值代入$y = a + bx$。

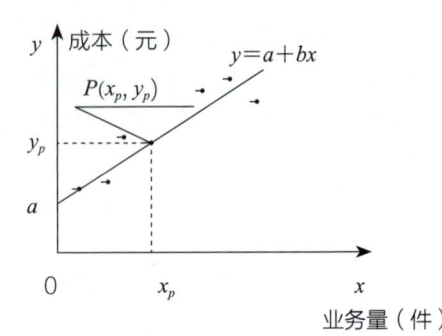

你知道吗

采用散布图法通过目测画出成本变动的平均趋势直线，会因人而异得出不同的混合成本模型，可能导致结果不准确，但该方法使用方便，容易理解。散布图法较之高低点法的精度高，因为它考虑了所能提供的全部历史数据，其图像可反映成本的变动趋势，同时可排除偶然因数的影响。

情景案例6

依据表4-4的资料，用散布图法进行成本性态分析。

🔍 工作分析

绘制散布图，目测画一直线与纵轴的交点为500；为求出b，任取产量为120件，图中对应的总成本为890元，即可求出单位变动成本$b＝(890－500)/120＝3.25$。

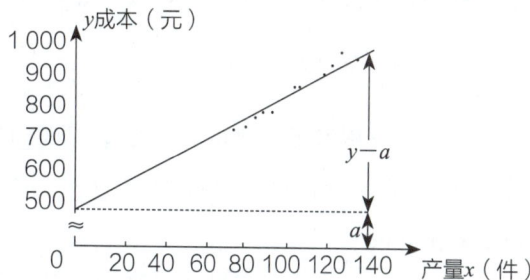

▶ 工作成果

该混合成本的性态模型为：$y＝500＋3.25x$

（3）回归直线法——复杂的方法。回归直线法是指根据过去一定期间的业务量（X）和混合成本（Y）的历史资料，应用最小平方法原理，算出最能代表X与Y关系的回归直线，借以确定混合成本中的固定成本和变动成本的方法。

（二）总成本模型

在管理会计中，通过对成本的性态分析，能够确定出固定成本和变动成本，那么企业的总成本就可以描述为固定成本与变动成本之和，可以建立下列等式：

总成本＝固定成本总额＋变动成本总额＝固定成本总额＋单位变动成本×业务量

其中：y代表总成本，a代表固定成本总额，b代表单位变动成本，x代表业务量，则上述总成本公式可表示为：

$$y＝a＋bx$$

该成本函数是个直线方程式，将其绘制在坐标图上，如图4-12所示。

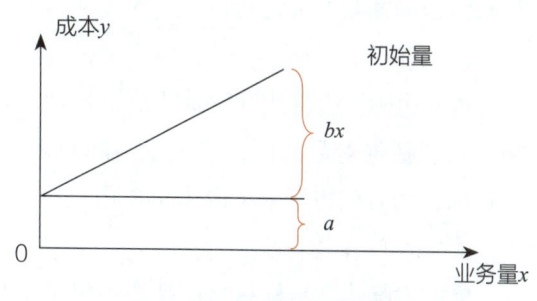

图4-12　总成本性态模型

项目四　旅途中的邂逅

任务2　本量利分析

一、本量利分析的概念及基本公式

（一）本量利分析的概念

本量利分析（cost-volume-profit analysis），全称成本—业务量—利润关系分析，简称CVP分析。它是指在变动成本法的基础上，用数学模型和图示来揭示成本、业务量（产量、销量、产销量）和利润三者之间的依存关系，为会计预测、生产决策、制定规划、成本控制和责任会计提供必要信息的一种定量分析方法。

（二）本量利分析基本公式

本量利分析所要考虑的相关要素只要包括固定成本a、单位变动成本b、销售量x、单位p、销售收入px和营业利润P等。这些要素之间的关系式，即本量利分析的一个最基本也是最重要的公式为：

利润＝单价×销售量－单位变动成本×销售量－固定成本
　　＝（单价－单位变动成本）×销售量－固定成本
　　＝销售收入－变动成本－固定成本

用字母表示：

$$P = px - bx - a$$
$$= (p-b)x - a$$

（三）贡献边际及其相关指标

在本量利分析中，贡献边际是一个十分重要的公式，它是对企业提供服务或产品进行盈利性强弱衡量的关键指标。

1. 贡献边际的含义

贡献边际，也称边际贡献或贡献毛益，是指产品的销售收入与相应变动成本之间的差额。它包括绝对数指标，如贡献边际总额（记作Tcm）、单位贡献边际（记作cm）；相对数指标，如贡献边际率（记作cmR）。

2. 贡献边际指标

单位贡献边际指标是指产品的销售单价与单位变动成本的差额，或者贡献边际除以销售量，表示每增加一个单位的产品销售，可为企业带来的贡献。

贡献边际率是指贡献边际占销售收入的百分比，表示每增加一元销售，可为企业带来的贡献。

3. 贡献边际相关指标的计算公式

$$贡献边际总额（Tcm）=销售收入-变动成本=px-bx$$
$$=单位贡献边际\times 销售量=cm \cdot x$$
$$单位贡献边际（cm）=单价-单位变动成本=p-b$$
$$=\frac{贡献边际总额}{销售量}=\frac{Tcm}{x}$$
$$贡献边际率（cmR）=\frac{贡献边际总额}{销售收入}\times 100\%=\frac{Tcm}{px}\times 100\%$$
$$=\frac{单位边际贡献}{销售量单价}\times 100\%=\frac{cm}{p}\times 100\%$$

从上述公式我们可以看出贡献边际指标的性质：企业各种产品提供的贡献边际并不是企业的营业净利润。因为贡献边际首先用来补偿企业的固定成本，只有当贡献边际大于固定成本时才能为企业提供利润，否则企业将出现亏损。所以，贡献边际是一个反映盈利能力的指标，或是一个反映能为营业利润做多大贡献的指标。

情景案例1

大鹏公司年最大生产能力是80 000件产品。在这一水平上，其材料和工人的直接成本总共为255 000元；固定间接费用中用于生产的为60 000元，用于一般行政管理的为50 000元，用于推销及销售的为40 000元。变动间接费用在一开始变化的幅度很大，现在按目前的生产能力已经保持在一年145 000元。成品的销售单价是10元。遗憾的是：在刚刚结束的这个年度里（参看上述有关数字），大鹏公司只生产和销售其总生产能力50%的产品。

要求计算该产品的下列有关指标：销售量、单位变动成本、固定成本、单位贡献边际、贡献边际总额、贡献边际率、营业利润。

🔍 工作分析及结果

销售量＝80 000×50%＝40 000（件）
单位变动成本＝（255 000＋145 000）÷80 000＝5（元）
固定成本＝60 000＋50 000＋40 000＝150 000（元）
单位贡献边际（cm）＝p–b＝10－5＝5（元）
贡献边际总额（Tcm）＝cm·x＝5×4 000＝200 000（元）
贡献边际率（cmR）＝cm/p×100%＝5/10＝50%
营业利润（P）＝Tcm－a＝200 000－150 000＝50 000（元）

二、单一品种本量利分析

(一) 保本分析

所谓保本,就是指企业在一定期间内的总收入等于总成本,企业不盈不亏、利润为零时的状态。当企业处于这种特殊情况时,称为企业达到保本状态。保本分析就是研究企业恰好处于保本状态时的本量利关系的一种定量分析方法。

1. 保本点含义

保本点又称盈亏临界点、盈亏平衡点等。它是指能使企业达到保本状态的业务量的总称。保本点是任何经营事项至少要达到一个底线,是获得利润的基础。表现形式有两种:一是保本点销售量,简称保本量(记作X_0);二是保本点销售额,简称保本额(记作S_0)。

2. 保本点的确定方法

(1) 基本等式法。根据本量利关系的基本方程式:

$$利润 = 单价 \times 销量 - 单位变动成本 \times 销量 - 固定成本$$

当利润为0时,企业正好保本,此时产品销售量就是保本点的销售量,即

$$保本点销售量 X_0 = 固定成本 \div (单价 - 单位变动成本) = \frac{a}{p-b}$$

$$保本点销售额 S_0 = 单价 \times 保本点销售量 = p \cdot X_0$$

(2) 边际贡献法。边际贡献法是指利用贡献边际指标与业务量、利润之间的关系直接计算保本量和保本额的一种方法。它是在基本等式法基础上发展起来的。

$$保本点销售量 X_0 = 固定成本 \div 单位贡献边际 = \frac{a}{cm}$$

$$保本点销售额 S_0 = 固定成本 \div 贡献边际率 = \frac{a}{cmR}$$

(二) 保利分析

保利分析是指企业一定时期内在目标利润确定的条件下,研究成本、业务量、利润之间的关系。在市场经济条件下,保本是企业经营的底线,追求利润是企业发展壮大的经济目标之一。只有在考虑盈利存在的条件下,才能充分揭示本量利之间的正常关系。

1. 保利点含义

保利点是指在单价和成本水平既定的情况下,为确保目标利润能够实现而应当达到的销售量和销售额的总称。

2. 保利点的确定

由利润的基本公式:

$$利润 = 单价 \times 销售量 - 单位变动成本 \times 销售量 - 固定成本$$

可推导出，保利点的计算公式为：

$$保利点销售量 = \frac{固定成本+利润}{单价-单位变动成本} = \frac{固定成本+利润}{单位贡献边际}$$

$$保利点销售额 = 单价 \times 保利点销售量 = \frac{固定成本+利润}{贡献边际率}$$

（三）经营安全程度分析

1. 安全边际指标

安全边际是指现有的销售量（额）超出保本点的销售量（额）的差额。由保本点分析可以知道，当销售量达到保本点时，企业处于不盈不亏的状态；只有当销售量超过保本点的销售量时，企业才能盈利，实现的利润等于超过部分的销售量所提供的贡献边际。因此，安全边际越大，表明企业现有的销售量超过保本点的销售量越多，发生亏损的可能性就越小，企业的经营就越安全。安全边际可以用绝对数和相对数两种形式表示。

$$安全边际量 = 现有销售量 - 保本销售量$$

$$安全边际额 = 现有销售额 - 保本销售额$$

$$= 安全边际量 \times 单价$$

$$安全边际率 = 安全边际量 \div 现有销售量 \times 100\%$$

$$= 安全边际额 \div 现有销售额 \times 100\%$$

安全边际指标都是正指标，数值越大，企业的经营安全程度越高，所以安全边际和安全边际率可用来评价企业经营安全的程度。企业经营安全性的检验数据如表4-5所示。

表4-5　　　　　　　　　　　安全性检验标准

安全边际率	40%以上	30%~40%	20%~30%	10%~20%	10%以下
安全程度	很安全	安全	较安全	值得注意	危险

2. 保本作业率指标

保本作业率是指保本点销售量（或销售额）占企业现有（预计）销售量（或销售额）的百分比。保本作业率是一个反指标，数值越小，说明企业经营安全程度越高。其计算公式为：

$$保本作业率 = 保本销售量 \div 现有（预计）销售量 \times 100\%$$

$$= 保本销售额 \div 现有（预计）销售额 \times 100\%$$

安全边际率与保本作业率的关系为：保本作业率+安全边际率=1

3. 安全边际与利润的关系

由于企业达到保本点时，已经用销售收入补偿企业的全部固定成本和该点上的变动成本，超过保本点以后的销售量（额）只需要补偿自身的变动成本就是企业的利润，所以利润可以用安全边际指标表示：

$$利润＝安全边际量×（单价－单位变动成本）$$
$$＝安全边际量×单位贡献边际$$
$$＝安全边际额×贡献边际率$$

情景案例2

日昇公司生产汽车轮胎，由于市场竞争激烈，销售额大幅下降，2017年全年的销售收入为500万元，变动成本为350万元，全年固定成本为240万元，亏损额达到90万元，公司领导正在制订下一年的工作计划，扭亏增盈是公司的主要目标。公司制定了一系列措施，如减少职工培训费、业务招待费，将废旧机器做报废处理等来减少固定成本支出，降低轮胎的材料成本、人工成本，再局部提高轮胎的售价。你认为这些措施可行吗？还有哪些更好的建议？

思考：1. 公司的销售额达到多少时才能扭转亏损（即保本）？
2. 如果公司下年计划销售额增长20%，固定成本总额下降20%，贡献边际率提高28%，那么公司的经营状况安全吗？
3. 公司要想实现20万元的利润，销售额应达到多少？

工作分析及成果

公司的销售额达到多少时才能扭转亏损，是一个计算保本点销售额的问题。只有销售收入补偿了自身的变动成本，又补偿了固定成本，公司才不会亏损。

$$日昇公司的保本点销售额＝\frac{a}{cmR}＝\frac{240}{(500-350)/500}＝800（万元）$$

当公司的销售额达到800万元时，公司的利润为0，不盈不亏，公司在2017年的基础上再增加300万元的销售额刚能达到保本点。

如果公司下年计划销售额增长20%，固定成本总额下降20%，贡献边际率提高28%，那么：

$$新的保本点销售额＝\frac{240×（1-20\%）}{30\%（1+28\%）}＝500（万元）$$
$$安全边际额＝500×（1+20\%）-500＝100（万元）$$
$$安全边际率＝100/600≈17\%$$

17%的安全边际率说明公司的经营还没有达到安全状态，值得注意。

公司要想实现20万元的利润，那么：

$$保利点销售额＝（240+20）/30\%≈866.67（万元）$$

日昇公司通过降低固定成本、单位变动成本，提高单价的措施确实能够使利润增大，但是降低轮胎材料成本的同时不应该降低轮胎质量。公司可通过采购环节实施大批量、近距离采购，生产环节减少废品、加强材料管理等方式来降低材料的使用成本。公司还可以通过适当增加广告费来扩大产品销售量的方式来扭亏增盈。

项目总结

```
旅途中的邂逅
└─ 成本性态
    ├─ 成本的分类
    │   ├─ 按其经济用途
    │   │   ├─ 生产成本
    │   │   └─ 非生产成本
    │   └─ 按其性态分类
    │       ├─ 固定成本
    │       ├─ 变动成本
    │       └─ 混合成本
    ├─ 成本性态的分类（又称成本习性，是指在一定条件下成本总额与特定业务量之间的依存关系）
    │   ├─ 固定成本
    │   │   ├─ 特征
    │   │   │   ├─ 固定成本总额的不变性
    │   │   │   └─ 单位固定成本的反比例变动性
    │   │   └─ 分类
    │   │       ├─ 酌量性固定成本：受管理当局短期决策行为的影响，可以在不同时期改变其数额的那部分固定成本
    │   │       └─ 约束性固定成本：不受管理当局短期决策行为影响的那部分固定成本
    │   ├─ 变动成本
    │   │   ├─ 特征
    │   │   │   ├─ 变动成本总额的正比例变动性
    │   │   │   └─ 单位变动成本的不变性
    │   │   └─ 分类
    │   │       ├─ 技术性变动成本：其单位成本受客观因素决定，消耗量由技术因素决定的那部分变动成本
    │   │       └─ 酌量性变动成本：单位成本不受客观因素决定、企业管理者可以改变其数额的那部分变动成本
    │   └─ 混合成本
    │       ├─ 半变动成本：这类成本通常拥有一个基数，一般不变，类似固定成本；在此基数上，随业务量的增加，成本也成相应比例增加，这部分成本又类似于变动成本
    │       ├─ 半固定成本：这类成本在一定业务量范围的发生额是固定的，但业务量增长到一定限度，其发生额就会突然跃到一个新的水平，然后在业务量增长的一定范围内，发生额又保持不变，直到另一个新的跳跃点出现为止
    │       ├─ 延期变动成本：这类成本在一定业务量范围内成本总额保持稳定，但业务量超过一定范围后，成本总额则随着业务量的增长成比例增长
    │       └─ 曲线变动成本：这类成本通常有一个初始量，一般不变，相当于固定成本，但在这个初始量的基础上，随业务量的增加，其成本总额呈非线性变动，表现为一条曲线
    └─ 成本性态分析
        ├─ 分析方法
        │   ├─ 账户分析法 ┐
        │   ├─ 工程分析法 ┴─ 定性分析法
        │   ├─ 高低点法   ┐
        │   ├─ 散布图法   ├─ 历史成本分解法（定量分析法）
        │   └─ 回归直线法 ┘
        └─ 总成本模型  $y=a+bx$
```

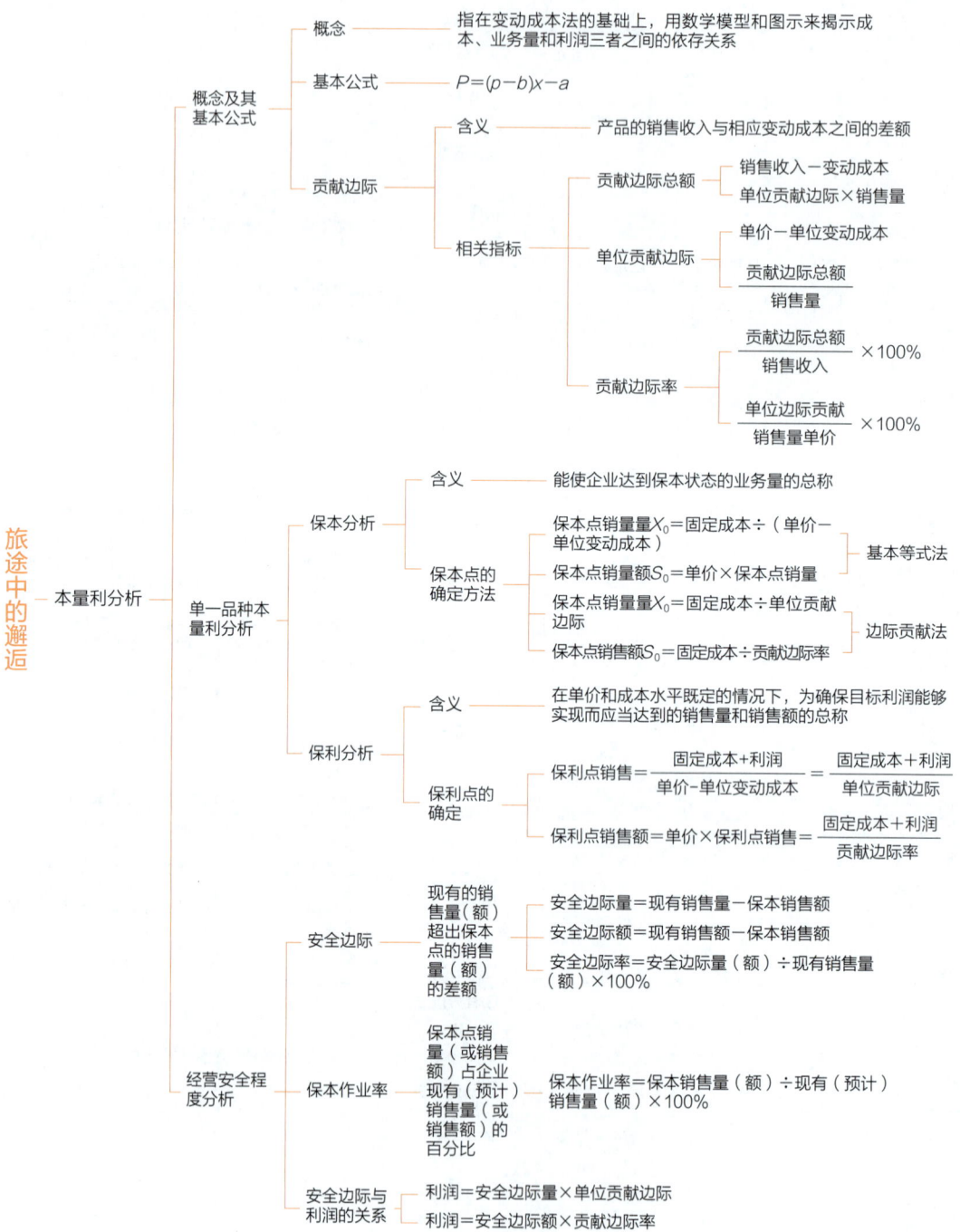

知识巩固

一、单项选择题

1. 将全部成本分为固定成本、变动成本和混合成本所采用的分类标志是（　　）。
   A. 成本的目标　　　B. 成本的可辨别性　　　C. 成本的经济用途　　　D. 成本的性态

2. 某公司对营销人员薪金支付采取在正常销量以内支付固定月工资，当销售量超过正常水平后则支付每件10元的奖励，这种人工成本属于（　　）。
   A. 半变动成本　　　B. 半固定成本　　　C. 延期变动成本　　　D. 曲线成本

3. 成本性态分析法中，（　　）得出的结论往往不够准确，特别是对混合成本中固定成本和变动成本的划分，显得比较粗糙。
   A. 高低点法　　　B. 回归直线法　　　C. 技术测定法　　　D. 账户分析法

4. 下列各项中，属于变动成本的是（　　）。
   A. 员工培训费用　　　　　　　　　B. 管理人员基本薪酬
   C. 新产品研究开发费用　　　　　　D. 按销售额提成的销售人员佣金

5. 为维持目前的生产经营能力而必须开支的、不随短期决策行为改变而改变的固定成本是（　　）。
   A. 变动成本　　　B. 混合成本　　　C. 约束性固定成本　　　D. 酌量性固定成本

6. （　　）表示每增加一元销售，可为企业带来的贡献。
   A. 贡献边际率　　　B. 变动成本率　　　C. 单位贡献边际　　　D. 单位变动成本

7. 计算贡献边际率，可以用单位贡献边际除以（　　）。
   A. 单价　　　B. 总成本　　　C. 销售收入　　　D. 变动成本

8. 销售收入总额与变动成本总额之间的差额是（　　）。
   A. 营业利润　　　B. 安全边际率　　　C. 贡献边际　　　D. 保本量

9. 下列有关贡献边际率与其他指标关系的表达式中，唯一正确的是（　　）。
   A. 贡献边际率＋保本作业率＝1　　　B. 贡献边际率＋变动成本率＝1
   C. 贡献边际率＋安全边际率＝1　　　D. 贡献边际率＋危险率＝1

10. （　　）是一个绝对量，用来评价同一企业不同时期的经营安全程度。
    A. 保本量　　　B. 安全边际　　　C. 保本额　　　D. 保本作业率

二、多项选择题

1. 固定成本具有的特征是（　　）。
   A. 固定成本总额的不变性　　　　　B. 单位固定成本的反比例变动性
   C. 固定成本总额的正比例变动性　　D. 单位固定成本的不变性

2. 下列成本项目中，（　　）是酌量性固定成本。
   A. 新产品开发费　　　B. 员工培训费　　　C. 管理人员工资　　　D. 广告宣传费

3. 以下属于半变动成本的有（　　）。
   A. 电话费　　　　　B. 煤气费　　　　　C. 水电费　　　　　D. 折旧费
4. 在相关范围内保持不变的有（　　）。
   A. 变动成本总额　　B. 单位变动成本　　C. 固定成本总额　　D. 单位固定成本
5. 单一品种保本点的表现形式有（　　）。
   A. 保本量　　　　　B. 保本额　　　　　C. 单价　　　　　　D. 贡献边际
6. 在下列各项中，属于正确公式的有（　　）。
   A. 安全边际量＝实际或预计的销售量－保本量
   B. 安全边际额＝实际或预计的销售额－保本额
   C. 利润＝安全边际量×单位贡献边际
   D. 安全边际率＝（安全边际量÷实际或预计的销售量）×100%
7. 下列项目中，能够决定保本点大小的因素有（　　）。
   A. 固定成本　　　　B. 单位变动成本　　C. 现有销售量　　　D. 销售单价
8. 安全边际指标的表现形式包括（　　）。
   A. 安全边际量　　　B. 安全边际率　　　C. 安全边际额　　　D. 保本作业率
9. 在下列关于安全边际及安全边际率的描述中，内容正确的有（　　）。
   A. 安全边际额是现有销售额超过保本点销售额的部分
   B. 安全边际率是安全边际量与现有销售量之比
   C. 安全边际率和保本作业率之和为1
   D. 安全边际率越大，企业发生亏损的可能性越大
10. 下列各式计算结果等于贡献边际率的有（　　）。
    A. 单位贡献边际÷单价　　　　　　　　B. 1－变动成本率
    C. 贡献边际÷销售收入　　　　　　　　D. 固定成本÷保本销售量

三、判断题

1. 成本性态又称成本习性，是指在一定条件下成本总额与特定业务量之间的依存关系。（　　）
2. 约束性固定成本是随短期决策行为改变而改变的固定成本。（　　）
3. 混合成本是兼有变动成本和固定成本双重成本习性的成本。（　　）
4. 成本性态模型 $y＝a＋bx$ 中的 b，就是指单位变动成本。（　　）
5. 本量利分析是建立在成本按性态分析基础上的一种分析方法。（　　）
6. 贡献边际等于固定成本，企业不亏不盈，利润为1。（　　）
7. 保本分析主要确定使企业既不亏损又不盈利的保本点。（　　）
8. 变动成本率高，贡献边际率就低，盈利能力就低。（　　）
9. 在销售量不变的条件下，保本点越低，能实现的利润就越多。（　　）

10. 安全边际指标都是正指标，数值越大，企业的经营安全程度越高。（　　）

四、简答题

1. 简述成本性态分析的方法。
2. 简述固定成本、变动成本的特征。
3. 简述高低点法分解混合成本的基本做法。
4. 什么是保本点，如何确定保本点？
5. 什么是保利点，如何确定保利点？

技能训练

一、混合成本的分解

某企业的设备维修费属于混合成本，资料如表4-6所示。

表4-6　　　　　　　　　　混合成本资料

月份	业务量（机器工作小时）	设备维修费（元）
1	9	300
2	8	250
3	9	290
4	10	310
5	12	340
6	14	400
7	11	320
8	11	330
9	13	350
10	8	260
11	6	200
12	7	220

要求：1. 采用高低点法分解设备维修费。
　　　2. 若下一个年度1月份的机器工作小时为15小时，预测设备的维修费是多少？

二、贡献边际相关指标的计算

某企业准备生产一种新产品，预计单位变动成本为60元/件，固定成本总额为34万元，变动成本率为60%，销售量1万件。计算：

1. 该产品的单价是多少?
2. 该产品的单位贡献边际、贡献边际总额是多少?
3. 该产品的贡献边际率、利润是多少?

三、本量利分析的计算

某企业2016年的销售收入为600万元,变动成本总额为300万元,固定成本总额为450万元。预计2017年增加固定成本为22万元,产品单价为150元。要求:

1. 计算2017年保本点。
2. 若企业计划2017年实现目标利润15万元,计算保利点。

项目五　告别快乐的旅途

学习目标

　　本项目是学习会计的终点,主要介绍财务报表的编制、分析,财务报表是在会计期末编制的,是会计核算的最终成果。通过本项目的学习,学生应该做到以下几点:
1. 了解资产负债表的概念及结构,掌握资产负债表各个项目的编制方法。
2. 了解利润表的概念及其结构,掌握利润表的具体核算过程,理解利润表中的各项目的编制方法。
3. 了解企业偿债能力的概念、偿债能力分析的指标,掌握偿债能力指标的计算方法。
4. 了解企业营运能力的概念、营运能力分析的指标,掌握营运能力指标的计算方法。
5. 了解企业盈利能力、盈利能力分析的指标,掌握盈利能力指标的计算方法。

案例导入

在旧社会，穷人夏若是一个大家庭中兄弟姐妹四个里的老大，他和他的弟弟妹妹都各自成家，互相住得有点远。某天，老母亲说，你是老大，你帮我在家组织大家吃个饭，这个钱我出，也不知道会花多少钱，我先给你100元，剩下的你自己想办法，最后花了多少钱我们再算，厨房用具一般的都有，你直接用就好。然后，她把饭菜规格，几个凉菜，几个热菜一说，扔下100元就回自己屋了。

这顿饭后，夏若要给老母亲一个交代：花了多少钱，除了老母亲给的100元钱外其余的钱是怎么筹备的，做了哪几个菜，大家吃饱了没有。老母亲是否满意等。这就是财务报表。

夏若做饭前要筹备，除了老母亲给的100元，家里只有60元，他还向弟弟借了30元，向银行借了40元，大米是自家产的等，以上这些就是财务状况，用资产负债表反映。

他买了鸡鸭鱼肉等，请了村子里的厨师二胖，在向银行付款时付了贷款的利息，由于吃饭的人太多，家里的厨具和餐具不够，于是便租赵三家的锅碗瓢盆用了12元。大家吃饭时，对这顿饭评价很好，觉得这顿饭够280元的档次，夏若的老母亲听了很高兴，认为夏若两口子辛苦了，便给了他们280元，多的当他们的工钱。夏若推辞不掉便收下了，事后他一算账，刨除本钱、利息、工钱外，还赚了20元。夏若所列的这个账单就是利润表。

再仔细清点一下他们还剩下些鱼和肉，是卖了回收现金，还是留着自己吃呢？夏若想反正也要买，但是这样可能就还不上银行的贷款了。夏若的这些统计，就是现金流量表。

除了这些，可能还有一些与组织这顿饭相关的事情，比如夏若自己那60元本来计划要干什么，邻居家的吴老太太也想要夏若帮忙筹备一顿饭，她付工钱等，再同老母亲商量，这些就是财务报表附注中所反映的内容。

相关知识

任务1　三大报表

　　财务报表又称为财务会计报告，是指对外提供的反映某一会计期间经营成果、现金流量和某一特定日期财务状况等会计信息的文件，是企业会计核算的最终成果。一般来讲，一套完整的财务报表至少应包括资产负债表、利润表、现金流量表、所有者权益变动表及附注。

一、资产负债表——静态报表

资产负债表是反映企业某一特定日期财务状况的会计报表,是企业基本会计报表之一,所有独立核算的企业都必须对外报送资产负债表。报表使用者可以通过阅读资产负债表:

(1)了解企业在某一时点的资产规模及结构,分析企业拥有或控制的经济资源及其分布、企业的生产经营能力;资产负债表中的资产总额与股本(资本金)总额直观地描述了企业的财务实力,资产与资本规模较大的企业具有较强的财务实力,反之,财务实力较弱。

(2)了解企业的负债规模和结构,分析未来企业需要动用多少资产或劳务清偿债务;偿债能力包括短期偿债能力和长期偿债能力。资产负债表可以反映企业在某一时期的负债总额,显示长短期债务的构成和偿还期限的长短,表明企业未来需用多少资产或者劳务来清偿债务,而企业资产转换为现金的能力和速度、流动资产的内部构成等信息恰恰反映了企业偿债能力的强与弱。

(3)了解所有者权益总额,分析投资者在企业总资产中所占的份额及其构成。

(4)企业未来的财务趋向。资产负债表中往往列示了当期期末数与年初数两栏金额资料,通过不同时期相同项目的纵向对比,可以大体看出企业的财务发展趋势,进而分析和预测企业未来的发展趋势。

(一)资产负债表的格式

资产负债表一般由表头、表体和补充资料三部分构成。其中表头是报表的标志,包括报表名称、编制单位、编制日期、报表编号和金额单位;表体是报表的主体,包括资产负债表中各项目的名称、期初数、期末数等内容;补充资料是报表附注的重要内容,主要反映报表使用者需要了解,但在报表的基本部分无法反映或无法单独反映的资料。

资产负债表的格式主要分为账户式和报告式两种,在我国企业的资产负债表多采用账户式结构,具体格式如表5-1所示。

表5-1　　　　　　　　　　　　　　资产负债表　　　　　　　　　　　　会企01表

编制单位:　　　　　　　　　　　　　年　月　日　　　　　　　　　　　　单位:元

资产	期末余额	年初余额	负债和所有者权益(或股东权益)	期末余额	年初余额
流动资产:			流动负债:		
货币资金			短期借款		
以公允价值计量且其变动计入当期损益的金融资产			以公允价值计量且其变动计入当期损益的金融负债		

续表

资产	期末余额	年初余额	负债和所有者权益（或股东权益）	期末余额	年初余额
应收票据			应付票据		
应收账款			应付账款		
预付款项			预收款项		
应收利息			应付职工薪酬		
应收股利			应交税费		
其他应收款			应付利息		
存货			应付股利		
持有待售的非流动资产或持有待售的处置组中的资产			其他应付款		
一年内到期的非流动资产			持有待售的处置组中的负债		
其他流动资产			一年内到期的非流动负债		
流动资产合计			其他流动负债		
非流动资产：			流动负债合计		
以摊余成本计量的金融资产			非流动负债：		
以公允价值计量且其变动计入其他综合收益的金融资产			长期借款		
长期应收款			应付债券		
长期股权投资			长期应付款		
投资性房地产			专项应付款		
固定资产			预计负债		
在建工程			递延收益		
工程物资			递延所得税负债		
固定资产清理			其他非流动负债		
生产性生物资产			非流动负债合计		
油气资产			负债合计		
无形资产			所有者权益（或股东权益）：		
开发支出			实收资本（或股本）		
商誉			资本公积		
长期待摊费用			减：库存股		
递延所得税资产			其他综合收益		
其他非流动资产			盈余公积		
非流动资产合计			未分配利润		
			所有者权益（或股东权益）合计		
资产总计			负债及所有者权益（或股东权益）总计		

由以上资产负债表可以看出，账户式资产负债表分为左右两个部分，左方为资产项目，按流动性由大到小排列；右方为负债和所有者权益项目，按求偿权的先后顺序排列。资产负债表的左方与右方的合计金额应当符合"资产＝负债＋所有者权益"这一会计等式。

（二）资产负债表各项目内容

资产负债表列报的最根本目的就是如实反映企业在资产负债表日所拥有的资源、所承担的负债及所有者拥有的权益。因此，资产负债表应当按照资产、负债和所有者权益三大类分别列报。

1. 资产类项目

资产类项目按流动性（即变现速度）进行排列，流动性强的在前，流动性差的在后，并按流动资产和非流动资产分项列示（表5-2）。

表5-2　　　　　　　　　　　　资产类项目内容

项目	内容
流动资产	货币资金、应收票据、应收账款、预付账款、应收利息、应收股利、其他应收款等
非流动资产	可供出售金融资产、固定资产、固定资产清理、无形资产、开发支出、商誉、长期待摊费用等

报表项目不同于账户名称，资产负债表各项目的内容主要通过其编制内涵来体现，常用资产类各项目内涵如下：

"货币资金"项目，反映企业库存现金、银行结算户存款、外埠存款、银行汇票存款、银行本票存款、信用卡存款、信用证存款等的合计数。

"应收票据"项目，反映企业因销售商品、提供劳务等收到的商业汇票，包括银行承兑汇票和商业承兑汇票。

"应收账款"项目，反映企业因销售商品、提供劳务等经营活动应向客户收取的款项。

"预付款项"项目，反映企业按照购货合同规定预付给供应商的款项等。

"应收利息"项目，反映企业应收取的债券投资等利息。

"应收股利"项目，反映企业应收取的现金股利和其他单位分配的利润。

"其他应收款"项目，反映企业除应收票据、应收账款、预付账款、应收股利、应收利息等经营活动以外的其他各种应收、暂付的款项。

"存货"项目，反映企业期末在库、在途和在加工中的各种存货的可变现净值。存货包括各种原材料、在途物资、库存商品、在产品、半成品、包装物、低值易耗品、委托代销商品等。

"可供出售金融资产"项目，反映企业持有的以公允价值计量的可供出售的股票投资、债券投资等金融资产。

"固定资产"项目，反映企业各种固定资产原价减去累计折旧和减值准备后的净值。

"固定资产清理"项目，反映企业因出售、毁损、报废等原因转入清理但尚未清理完毕的固定资产的净值，以及在固定资产清理过程中所发生的清理费用和变价收入等各项金额差额。

"无形资产"项目，反映企业持有的无形资产，包括专利权、非专利技术、商标权、著作权、土地使用权等减去累计摊销和减值准备后的净值。

2. 负债类项目

负债类按到期日的远近进行排列，先到期的排在前，后到期的排在后，并按流动负债和非流动负债分项列示（表5-3），流动负债在前。

表5-3　　　　　　　　　　　　　负债类项目内容

项目	内容
流动负债	短期借款、应付票据、应付账款、预收账款、应付职工薪酬、应交税费、应付利息、应付股利、其他应付款等
非流动负债	长期借款、应付债券、长期应付款、专项应付款等

常用负债类各项目内涵如下：

"短期借款"项目，反映企业向银行或其他金融机构等借入的期限在一年以内（含一年）的各种借款。

"应付票据"项目，反映企业因购买材料、商品和接受劳务供应等供应商开出、承兑的商业汇票，包括银行承兑汇票和商业承兑汇票。

"应付账款"项目，反映企业因购买材料、商品和接受劳务供应等经营活动应支付的款项。

"预收账款"项目，反映企业按照合同规定在未发出商品或提供劳务向客户预支收取的款项。

"应付职工薪酬"项目，反映企业为获得职工提供的服务或解除劳动关系而给予的各种形式的报酬或补偿。

"应交税费"项目，反映企业按照税法规定计算应缴纳的各种税费，包括增值税、消费税、所得税、城市维护建设税、教育费附加等。企业代扣代缴的个人所得税也通过本项目列示。企业所缴纳的税金不需要预计应交数的，如印花税等，不在本项目列示。

"应付利息"项目，反映企业按照规定应当支付的利息，包括分期付息到期还本的借款应支付的利息，企业发行的企业债券应支付的利息等。

"应付股利"项目，反映企业分配的现金股利或利润。企业分配的股票股利不通过本项目列示。

"其他应付款"项目，反映企业除应付票据、应付账款、预收账款、应付职工薪酬、应付股利、应付利息、应交税费等经营活动以外的其他各项应付、暂收款项。

"长期借款"项目，反映企业向银行或其他金融机构借入的期限在一年以上（不含一年）的各项借款。

3．所有者权益类项目

所有者权益排列顺序：实收资本、资本公积、盈余公积和未分配利润，其中盈余公积和未分配利润是企业在生产经营过程中形成的。

"实收资本（或股本）"项目，反映企业各投资者实际投入的资本（或股本）总额。股份有限公司称该项目为"股本"。

"资本公积"项目，反映企业资本公积的期末余额，包括股本溢价、股份支付和其他资本公积等明细核算内容。

"盈余公积"项目，反映企业盈余公积的期末余额，包括法定盈余公积、任意盈余公积。

"未分配利润"项目，反映企业尚未分配的利润。未分配利润是指企业未做分配的利润，可在以后年度进行分配，主要通过"利润分配——未分配利润"二级明细科目的余额来进行。

（三）资产负债表的编制方法

1．"年初数"栏的填列方法

资产负债表"年初数"栏的各项数字，应根据上年末资产负债表"期末数"栏内所列数字填列。如果本年度资产负债表规定的各项目名称和内容同上年度不一致，则应对上年年末资产负债表各项目名称和数字按照本年度规定进行调整后，填入本年度资产负债表的"年初数"栏内。

2．"期末数"栏的填列方法

企业应当根据资产、负债、所有者权益类账户的期末余额填列资产负债表"期末数"栏，具体包括如下情况：

（1）根据总分类账户期末余额直接填列。资产负债表大部分项目的填列都是根据有关总分类账户的期末余额直接填列，如"应收票据"项目，根据"应收票据"总分类账户的期末余额直接填列；"短期借款"项目，根据"短期借款"总分类账户的期末余额直接填列。"以公允价值计量且其变动计入当期损益的金融资产""工程物资""递延所得税资产""应付票据""应付职工薪酬""应交税费""递延所得税负债""预计负债""实收资本""资本公积""盈余公积"等，都在此项之内。

（2）根据总分类账户余额计算填列。资产负债表中某些项目需要根据总分类账户的期末余额计算填列，如"货币资金"项目，根据"库存现金""银行存款""其他货币资金"

账户的期末余额合计数计算填列。

（3）根据明细分类账户的期末余额计算填列。资产负债表某些项目需要根据有关总分类账户所属的相关明细分类账户的期末余额计算填列，如"应收账款"项目，应根据"应收账款""预收账款"两个账户所属的有关明细账户的期末借方余额合计相加再扣除"坏账准备"账户的贷方余额（或加上"坏账准备"账户的借方余额）填列；"应付账款"项目，应根据"应付账款""预付账款"账户所属相关明细分类账户的期末贷方余额合计相加填列。

（4）根据总分类账户及其所属明细分类账户期末余额分析计算填列。资产负债表某些项目需要根据总分类账户及其所属明细分类账户期末余额分析计算填列，如"长期借款"项目，根据"长期借款"总分类账户期末余额，扣除"长期借款"账户所属明细分类账户中反映的、将于一年内到期且企业不能自主地将清偿义务展期的长期借款后的金额计算填列。

（5）根据有关账户余额减去其备抵账户后的净额填列。资产负债表中某些项目需要根据有关账户余额减去其备抵账户后的净额填列，如"存货"项目，根据"存货"账户的期末余额，加或减"材料成本差异"的期末余额（若为贷方余额，减；若为借方余额，加），再减去"存货跌价准备"备抵账户余额后的净额填列；又如"无形资产"项目，根据"无形资产"账户的期末余额，减去"无形资产减值准备"与"累计摊销"备抵账户余额后的净额填列。

情景案例1

永乐股份有限公司2016年12月31日的资产负债表（年初余额略）及2017年12月31日账户余额表分别如表5-4和表5-5所示。编制永乐公司2017年度资产负债表。

表5-4　　　　　　　　　　　　　资产负债表　　　　　　　　　　　　　会企01表

编制单位：永乐股份有限公司　　　　2016年12月31日　　　　　　　　　　单位：元

资产	期末余额	年初余额	负债和所有者权益（或股东权益）	期末余额	年初余额
流动资产：			流动负债：		
货币资金	400 000		短期借款	560 000	
以公允价值计量且其变动计入当期损益的金融资产			以公允价值计量且其变动计入当期损益的金融负债		
应收票据			应付票据		
应收账款	698 490		应付账款	468 000	
预付款项			预收款项		
应收利息			应付职工薪酬	146 000	

续表

资产	期末余额	年初余额	负债和所有者权益（或股东权益）	期末余额	年初余额
应收股利			应交税费	44 490	
其他应收款			应付利息		
存货	600 000		应付股利		
持有待售的非流动资产或持有待售的处置组中的资产			其他应付款		
一年内到期的非流动资产			持有待售的处置组中的负债		
其他流动资产			一年内到期的非流动负债		
流动资产合计	1 698 490		其他流动负债		
非流动资产：			流动负债合计	1 218 490	
以摊余成本计量的金融资产			非流动负债：		
以公允价值计量且其变动计入其他综合收益的金融资产			长期借款	1 000 000	
长期应收款			应付债券		
长期股权投资	800 000		长期应付款		
投资性房地产			专项应付款		
固定资产	8 400 000		预计负债		
在建工程			递延收益		
工程物资			递延所得税负债		
固定资产清理			其他非流动负债		
生产性生物资产			非流动负债合计	1 000 000	
油气资产			负债合计	2 218 490	
无形资产			所有者权益（或股东权益）：		
开发支出			实收资本（或股本）	8 000 000	
商誉			资本公积	520 000	
长期待摊费用			减：库存股		
递延所得税资产			其他综合收益		
其他非流动资产			盈余公积	160 000	
非流动资产合计	9 200 000		未分配利润		
			所有者权益（或股东权益）合计	8 680 000	
资产总计	10 898 490		负债及所有者权益（或股东权益）总计	10 898 490	

表5-5　　　　　　　　　　　　　　　　　**账户余额表**

2017年12月31日　　　　　　　　　　　　　　　　　　　　单位：元

账户名称	借方余额	账户名称	贷方余额
库存现金	14 000	短期借款	420 000
银行存款	510 000	应付账款	214 000
应收账款	936 000	预收账款	936 000
——A公司	1 170 000	——甲公司	1 404 000
——B公司	−234 000	——乙公司	−468 000
坏账准备	−4 680	应付职工薪酬	202 000
原材料	356 000	应交税费	230 000
库存商品	436 000	长期借款	1 200 000
长期股权投资	1 600 000	实收资本	8 000 000
固定资产	11 000 000	资本公积	560 000
累计折旧	−2 400 000	盈余公积	300 000
生产成本	694 680	利润分配	1 080 000
合计	13 142 000	合计	13 142 000

任务要求：编制永乐公司2017年度资产负债表。

工作分析

永乐股份有限公司2017年度资产负债表的编制包括"年初余额"和"年末余额"两栏。

2017年12月31日资产负债表"年初余额"的填列：资产负债表中"年初余额"栏内各项目金额，根据2016年12月31日的"期末余额"栏内各项目金额填列。

2017年12月31日资产负债表"年末余额"的填列：

"货币资金"项目，根据"库存现金"账户的年末余额14 000元和"银行存款"账户的年末余额510 000元相加，合计数524 000元填入资产负债表；

"预收账款"项目，将"应收账款——B公司"账户的年末贷方余额234 000元和"预收账款——甲公司"账户的年末贷方余额1 404 000元相加，合计数1 638 000元填入资产负债表；

"应收账款"项目，将"应收账款——A公司"账户的年末借方余额1 170 000元和"预收账款——乙公司"账户的年末借方余额468 000元相加再减去"坏账准备"账户的年末贷方余额4 680元，结果1 633 320元填入资产负债表；

"存货"项目，将"原材料"账户的年末余额356 000元、"库存商品"账户的年末余额436 000元及"生产成本"账户的年末余额694 680元相加，合计数1 486 680元填入资产负债表；

"长期股权投资"项目，将"长期股权投资"账户的年末余额1 600 000元直接填入资产负债表；

"固定资产"项目,将"固定资产"账户的年末余额11 000 000元与"累计折旧"账户的年末余额2 400 000元相减,结果8 600 000元填入资产负债表;

"短期借款"项目,将"短期借款"账户的年末余额420 000元直接填入资产负债表;

"应付账款"项目,将"应付账款"账户的年末余额214 000元直接填入资产负债表;

"应付职工薪酬"项目,将"应付职工薪酬"账户的年末余额202 000元直接填入资产负债表;

"应交税费"项目,将"应交税费"账户的年末余额230 000元直接填入资产负债表;

"长期借款"项目,将"长期借款"账户的年末余额1 200 000元直接填入资产负债表;

"实收资本"项目,将"实收资本"账户的年末余额8 000 000元直接填入资产负债表;

"资本公积"项目,将"资本公积"账户的年末余额560 000元直接填入资产负债表;

"盈余公积"项目,将"盈余公积"账户的年末余额300 000元直接填入资产负债表;

"未利润分配"项目,将"利润分配"账户的年末余额1 080 000元直接填入资产负债表。

▶ 工作成果

资产负债表

会企01表

编制单位:永乐股份有限公司　　2017年12月31日　　　　　　单位:元

资产	期末余额	年初余额	负债和所有者权益（或股东权益）	期末余额	年初余额
流动资产:			流动负债:		
货币资金	524 000	400 000	短期借款	420 000	560 000
以公允价值计量且其变动计入当期损益的金融资产			以公允价值计量且其变动计入当期损益的金融负债		
应收票据			应付票据		
应收账款	1 633 320	698 490	应付账款	214 000	468 000
预付款项			预收款项	1 638 000	
应收利息			应付职工薪酬	202 000	146 000
应收股利			应交税费	230 000	44 490
其他应收款			应付利息		
存货	1 486 680	600 000	应付股利		
持有待售的非流动资产或持有待售的处置组中的资产			其他应付款		
一年内到期的非流动资产			持有待售的处置组中的负债		
其他流动资产			一年内到期的非流动负债		
流动资产合计	3 644 000	1 698 490	其他流动负债		
非流动资产:			流动负债合计	2 704 000	1 218 490
以摊余成本计量的金融资产			非流动负债:		

续表

资产	期末余额	年初余额	负债和所有者权益（或股东权益）	期末余额	年初余额
以公允价值计量且其变动计入其他综合收益的金融资产			长期借款	1 200 000	1 000 000
长期应收款			应付债券		
长期股权投资	1 600 000	800 000	长期应付款		
投资性房地产			专项应付款		
固定资产	8 600 000	8 400 000	预计负债		
在建工程			递延收益		
工程物资			递延所得税负债		
固定资产清理			其他非流动负债		
生产性生物资产			非流动负债合计	1 200 000	1 000 000
油气资产			负债合计	3 904 000	2 218 490
无形资产			所有者权益（或股东权益）：		
开发支出			实收资本（或股本）	8 000 000	8 000 000
商誉			资本公积	560 000	520 000
长期待摊费用			减：库存股		
递延所得税资产			其他综合收益		
其他非流动资产			盈余公积	300 000	160 000
非流动资产合计	10 200 000	9 200 000	未分配利润	1 080 000	
			所有者权益（或股东权益）合计	9 940 000	8 680 000
资产总计	13 844 000	10 898 490	负债及所有者权益（或股东权益）总计	13 844 000	10 898 490

二、利润表——动态报表

利润表，也称为损益表、利益表，是反映企业在一定会计期间经营成果的报表。利润表可以从总体上反映企业在一定会计期间的收入、成本、费用以及净利润（或亏损）的实现与构成情况，表明企业的生产经营成果，是企业的基本会计报表之一。通过利润表可以：

（1）解释、评价和预测企业的经营成果和获利能力。经营成果是一个绝对值指标，反映企业财富增长的规模，通常指以营业收入、其他收入抵扣成本、费用、税金等的差额所表示的收益信息。根据利润表所提供的经营成果信息，股东、债权人和管理部门可解释、评价和预测企业的获利能力，据以对是否投资或追加投资、投向何处、投资多少等做出决策。

（2）解释、评价和预测企业的偿债能力。偿债能力指企业以资产清偿债务的能力。利润表本身并不提供偿债能力的信息，然而企业的偿债能力不仅取决于资产的流动性和资本结构，也取决于获利能力。若一家企业长期丧失获利能力，则资产的流动性必然由好转坏，资本结构也将逐渐由优变劣，陷入资不抵债的困境。因而一家数年收益很少，获利能力不强甚至亏损的企业，通常其偿债能力不会很强。

（3）企业管理人员可据以做出经营决策。比较和分析利润表中各种构成要素，可知悉各项收入、成本、费用与收益之间的消长趋势，发现各方面工作中存在的问题，揭露缺点，找出差距，改善经营管理，努力增收节支，杜绝损失的发生，做出合理的经营决策。

（4）评价和考核管理人员的绩效。比较前后期利润表上各项收入、费用、成本及收益的增减变动情况，并查考其增减变动的原因，可以较为客观地评价各职能部门，各生产经营单位的绩效，以及这些部门和人员的绩效与整个企业经营成果的关系，以便评判各部门管理人员的功过得失，及时做出采购、生产销售、筹资和人事等方面的调整，使各项活动趋于合理。

（一）利润表的格式

利润表一般有表首、正表两部分构成。其中表首说明报表名称、编制单位、编制日期、报表编号、货币名称等；正表是利润表的主体，反映形成经营成果的各个项目和计算过程。

利润表的格式主要分为单步式和多步式两种。我国企业的利润表采用多步式，具体格式如表5-6所示。

表5-6　　　　　　　　　　　　　　利润表　　　　　　　　　　　　　会企02表

编制单位：　　　　　　　　　　　　年　月　　　　　　　　　　　　单位：元

项目	本月数	本年累计数
一、营业收入		
减：营业成本		
营业税金及附加		
销售费用		
管理费用		
财务费用		
资产减值损失		
加：公允价值变动收益（损失以"-"号填列）		
投资收益（亏损以"-"号填列）		
二、营业利润（亏损以"-"号填列）		
加：营业外收入		

续表

项目	本月数	本年累计数
减：营业外支出		
其中：非流动资产处置损失		
三、利润总额（亏损总额以"-"号填列）		
减：所得税费用		
四、净利润（净亏损以"-"号填列）		
五、每股收益：		
（一）基本每股收益		
（二）稀释每股收益		

由以上利润表可以看出，多步式利润表是通过对当期的收入、费用、支出项目按性质加以归类，按利润形成的主要环节列示一些中间性利润指标，如营业利润、利润总额、净利润，分步计算当期的净损益。利润表编制的原理是"收入－费用＝利润"的会计等式和收入与费用的配比原则。

（二）利润表的内容

利润表主要反映以下几方面的内容：

（1）构成主营业务利润的各项要素。从主营业务收入出发，减去为取得主营业务收入而发生的相关费用、税金后得出主营业务利润。

（2）构成营业利润的各项要素。营业利润在主营业务利润的基础上，加上其他业务利润，减去销售费用、管理费用、财务费用后得出。

（3）构成利润总额（或亏损总额）的各项要素。利润总额（或亏损总额）在营业利润基础上加（减）投资收益（损失）、补贴收入、营业外收支后得出。

（4）构成净利润（或净亏损）的各项要素。净利润（或净亏损）在利润总额（或亏损总额）的基础上，减去本期计入损益的所得税费用后得出。

（三）利润表的编制方法

1."本月数"栏填列方法

利润表"本月数"栏反映各项目的本月实际的发生数。在编报中期和年度财务报表时，应将"本月数"栏改成"上年数"栏。

（1）一般根据账户的本期发生额分析填列。由于该表是反映企业一定时期经营成果的动态报表，因此，该栏内各项目一般根据账户的本期发生额分析填列。

"营业收入"项目，反映企业经营业务所得的收入总额。本项目应根据"主营业务收入"和"其他业务收入"账户的发生额分析填列。

"营业成本"项目，反映企业经营业务发生的实际成本。本项目应根据"主营业务成本"和"其他业务成本"账户的发生额分析填列。

"主营业务税金及附加"项目，反映企业经营业务应负担的营业税、消费税、城市维护建设税、资源税、土地增值税和教育费附加等。本项目应根据"营业税金及附加"账户的发生额分析填列。

"销售费用"项目，反映企业在销售商品和商品流通企业在购入商品等过程中发生的费用。本项目应根据"销售费用"账户的发生额分析填列。

"管理费用"项目，反映企业行政管理等部门所发生的费用。本项目应根据"管理费用"账户的发生额分析填列。

"财务费用"项目，反映企业发生的利息费用等。本项目应根据"财务费用"账户的发生额分析填列。

"资产减值损失"项目，反映企业发生的各项减值损失。本项目应根据"资产减值损失"账户的发生额分析填列。

"公允价值变动损益"项目，反映企业交易性金融资产等公允价值变动所形成的当期利得和损失。本项目应根据"公允价值变动损益"账户的发生额分析填列。

"投资收益"项目，反映企业以各种方式对外投资所取得的收益。本项目应根据"投资收益"账户的发生额分析填列；如为投资损失，以"—"号填列。

"营业外收入"项目和"营业外支出"项目，反映企业发生的与其生产经营无直接关系的各项收入和支出。这两个项目应分别根据"营业外收入"账户和"营业外支出"账户的发生额分析填列。

"所得税费用"项目，反映企业按规定从本期损益中减去的所得税。本项目应根据"所得税费用"账户的发生额分析填列。

（2）利润的构成分类项目根据本表有关项目计算填列。利润表中"营业利润""利润总额""净利润"等项目，均根据有关项目计算填列。

2."本年累计数"栏填列方法

该栏反映各项目自年初起至本月末止的累计实际发生数。应根据上月利润表的"本年累计数"栏各项目数额，加上本月利润表的"本月数"栏各项目数额，然后将其合计数填入该栏相应项目内。

情景案例2

永乐股份有限公司2017年度有关损益类账户的本年累计发生额如表5-7所示。编制永乐公司2017年度利润表。

表5-7　　　　　　　　　　2017年度损益类账户累计发生额

项目	借方发生额	贷方发生额
主营业务收入		7 000 000
投资收益		28 000
主营业务成本	4 750 000	
营业税金及附加	30 000	
销售费用	192 920	
管理费用	338 000	
财务费用	23 080	
营业外支出	21 000	
所得税费用	365 100	

🔍 **工作分析**

"本年累计数"栏根据表5-7各账户的累计发生额数据填列：

"营业收入"项目，将"主营业务收入"账户的本年累计发生额7 000 000元填入利润表；

"营业成本"项目，将"主营业务成本"账户的本年累计发生额4 750 000元填入利润表；

"主营业务税金及附加"项目，将"营业税金及附加"账户的本年累计发生额30 000元填入利润表；

"销售费用"项目，将"销售费用"账户的本年累计发生额192 920元填入利润表；

"管理费用"项目，将"管理费用"账户的本年累计发生额338 000元填入利润表；

"财务费用"项目，将"财务费用"账户的本年累计发生额23 080元填入利润表；

"投资收益"项目，将"投资收益"账户的本年累计发生额28 000元填入利润表；

"营业外支出"项目，将"营业外支出"账户的本年累计发生额21 000元填入利润表；

"所得税费用"项目，将"所得税费用"账户的本年累计发生额365 100元填入利润表。

分别计算出营业利润、利润总额及净利润，填入利润表相关项目栏。

▶ **工作成果**

利润表　　　　　　　　　　会企02表

编制单位：永乐股份有限公司　　2017年12月　　　　　单位：元

项目	本月数（略）	本年累计数
一、营业收入		7 000 000
减：营业成本		4 750 000
营业税金及附加		30 000
销售费用		192 920
管理费用		338 000
财务费用		23 080

续表

项目	本月数（略）	本年累计数
资产减值损失		
加：公允价值变动收益（损失以"-"号填列）		
投资收益（亏损以"-"号填列）		28 000
二、营业利润（亏损以"-"号填列）		1 694 000
加：营业外收入		
减：营业外支出		21 000
其中：非流动资产处置损失		
三、利润总额（亏损总额以"-"号填列）		1 673 000
减：所得税费用		418 250
四、净利润（净亏损以"-"号填列）		1 254 750
五、每股收益：		
（一）基本每股收益		
（二）稀释每股收益		

三、现金流量表

现金流量表是反映企业在一定期间现金和现金等价物流入和流出的会计报表。现金流量表按照收付实现制原则编制，将权责发生制下的盈利信息调整为收付实现制下的现金流量信息，便于信息使用者理解净利润的质量。

（1）全面提供现金流量的信息，有助于评价企业的支付能力、偿债能力、周转能力。

（2）预测企业未来的现金流量，为企业管理者科学、合理地利用资金奠定基础。

（3）了解企业是否有足够的现金支付股利或偿付到期债务，有助于投资人和债权人做出正确的决策。

（一）现金流量表的编制基础

现金流量表的编制基础是现金和现金等价物。现金指企业库存现金以及可以随时用于支付的存款。它相当于会计日常核算中的"库存现金""银行存款"和"其他货币资金"三个科目所反映的货币资金中能够随时用于支付的部分。不能随时用于支付的存款不属于现金。

现金等价物是指企业持有的期限短、流动性强、易于转换为已知金额现金、价值变动风险很小的投资。现金等价物通常包括从购买日起3个月内到期的短期债券投资等。

(二)现金流量表的格式

《企业会计准则——现金流量表》应用指南规定了现金流量表的格式。一般企业的现金流量表分为三部分：表首、正表和附注。表首标明企业名称、现金流量的会计期间、报表编号、货币名称及计量单位等；正表反映经营活动、投资活动、筹资活动产生的各项现金流量的流入量、流出量、各类现金流量的净额和总体现金流量的净额；现金流量表附注主要披露将净利润调节为经营活动现金流量的信息、企业当期取得或处置子公司及其他营业单位的相关信息以及不涉及当期现金收支，但影响企业财务状况或在未来可能影响企业现金流量的重大投资和筹资项目。

(三)现金流量表的内容

现金流量表包括以下内容。

1. 经营活动产生的现金流量

经营活动是指企业投资活动和筹资活动以外的所有交易和事项。经营活动产生的现金流量主要包括销售商品、提供劳务、购买商品、接受劳务、支付工资、支付税费等流入和流出的现金及现金等价物。

2. 投资活动产生的现金流量

投资活动是指企业长期资产的购建和不包括在现金等价物范围内的投资及其处置活动。投资活动产生的现金流量主要包括投资或收回投资、取得投资收益、取得或处置子公司及其他营业单位、购建或处置固定资产、无形资产和其他长期资产等流入和流出的现金及现金等价物。

3. 筹资活动产生的现金流量

筹资活动是指导致企业资本及债务规模和构成发生变化的活动。筹资活动产生的现金流量主要包括吸收投资、取得借款、偿还债务、分配股利或利润、偿付利息等流入和流出的现金及现金等价物。

任务2 财务分析

财务分析是以会计核算和报表资料及其他相关资料为依据，采用一系列专门的分析技术和方法，对企业等经济组织过去和现在有关筹资活动、投资活动、经营活动、分配活动的盈利能力、营运能力、偿债能力和增长能力状况等进行分析与评价的经济管理活动。不管是经营者还是投资者，甚至于企业员工，如果能有效地解读财务报表给我们的信息，我们就能做到：

（1）如果是投资人，就能从财务报表了解到企业的利润实现情况和利润分配方案，从而了解自己的投资收益如何，可以支配的收益有多少。

（2）如果是债权人，就能知道企业年终负债额的大小，能确认企业是否有足够的现金偿还欠款，至少能知道自己资金的风险有多高。

（3）如果是企业员工，就能知道企业这一年的付出，创造的利润有多少，企业未来有多大发展空间，进而确定自己职业规划的方向和步伐等。

我国《企业财务通则》中为企业规定的三种财务指标为：偿债能力指标、营运能力指标、盈利能力指标。具体内容如图5-1所示。

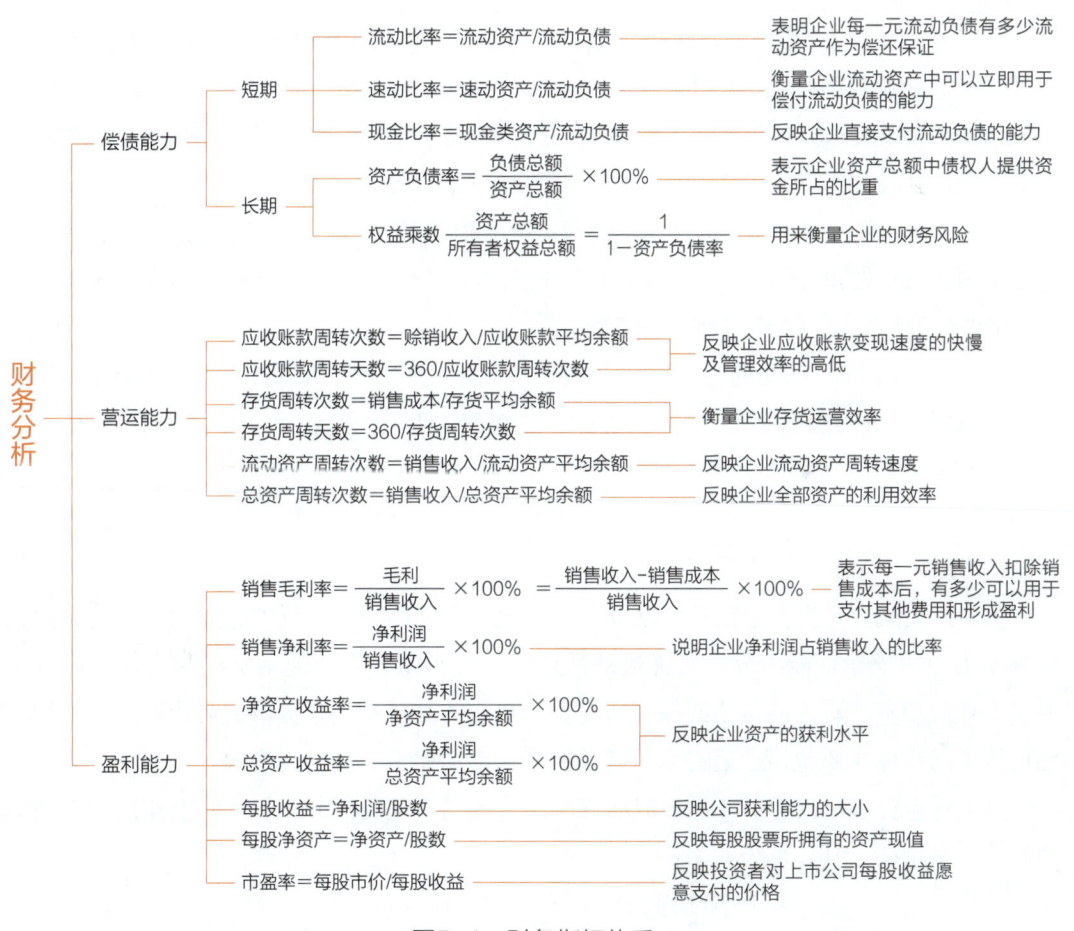

图5-1 财务指标体系

（一）偿债能力分析

偿债能力是指企业偿付各种到期债务的能力。偿债能力分析是对企业进行财务分析的重要组成部分，有利于了解企业的财务状况和财务风险，企业债权人、经营者、投资者等不同利益相关者对企业进行偿债能力分析的目的也不相同。

> **你知道吗** 偿债能力分析的目的
>
> **企业债权人：** 偿债能力分析的目的是进行正确的借贷决策。偿债能力是信用评价的基础。对于债权人而言，他们关心的是借给企业的钱能否收回，因此，对他们来说，偿债能力分析的主要目的就是研究企业的偿付能力，从而做出正确的借贷决策，保证其借出资金的安全性。
>
> **企业的经营管理者：** 偿债能力分析的目的是保证企业的正常经营。通过对企业偿债能力分析，有助于企业经营者了解企业的财务现状、优化企业的融资结构、降低融资成本。企业偿债能力弱又需偿债时，就应提前筹集资金保证偿付；企业偿债能力强时，可以利用闲置资金进行其他投资，保证资金的利用效率。
>
> **企业的所有者：** 偿债能力分析的目的是判断投入资本的保全程度。企业的所有者是企业风险的最终承担者，企业的资产偿还债务后的剩余部分才归属于所有者，因此企业所有者十分关心其投入资本的保全情况。偿债能力分析有利于企业的所有者了解企业的资产负债情况，从而据以做出增减投资的决策，使自身承担较小的风险。
>
> **公司的投资者：** 偿债能力分析的目的是进行正确的投资决策，企业偿债能力的分析是投资者做出投资决策的重要依据之一。它有利于投资者了解企业的财务状况和财务风险程度，从而权衡风险收益，做出是否投资的正确决策。
>
> **政府：** 偿债能力分析的目的是进行宏观调控和财政税收管理，政府为了维护市场秩序会制定很多与企业经营和理财活动相关的规则，这都和偿债能力分析密切相关，同时，政府还可以根据企业的偿债能力分析来判断企业能否进入限制领域进行经营和财务运作。

1. 短期偿债能力分析

短期偿债能力是指企业用其流动资产偿付流动负债的能力，反映企业偿还即将到期的债务实力。短期偿债能力分析又称流动性评价，主要研究企业流动资产和流动负债的关系、企业流动资产对流动负债的保障情况，为企业的利益相关者提供决策依据。衡量短期偿债能力的指标主要包括营运资本、流动比率、速动比率、现金比率等。

（1）营运资本。营运资本是指流动资产超过流动负债的部分，是反映企业短期偿债能力的绝对量指标。其计算公式为：

$$营运资本＝流动资产－流动负债$$

流动资产总额和流动负债总额可以直接从资产负债表中取得。当流动资产大于流动负债时，营运资本为正数，表明企业的流动负债有足够的流动资产作为偿还保障；反之，表明企业的流动负债没有足够的流动资产作为偿还保障。

营运资本可以直观反映流动资产保障流动负债后的剩余金额，但对于不同规模、不同企业之间短期偿债能力的对比，营运资本并不适宜。

? 想一想

A、B两公司的流动资产、流动负债总额如表5-8所示,试计算分析两家公司的营运资本。

表5-8　　　　　　　　A、B公司流动资产、流动负债总额　　　　　　　　单位:万元

项目	A公司	B公司
流动资产	500 000	2 000 000
流动负债	200 000	1 700 000

(2)流动比率。流动比率是流动资产与流动负债的比值,表示企业每一元流动负债可以有多少流动资产来抵偿,它是衡量企业短期偿债能力最常用的指标,其计算公式如下:

$$流动比率=(流动资产÷流动负债)×100\%$$

一般情况下,流动比率越高,反映企业短期偿债能力越强,但是流动比率过高则表明企业流动资产占用较多,会影响企业的资金利用效率,进而降低企业的获利能力。因此,从有效利用资金的角度讲,各企业应根据自身特点、行业特点制定一个合理的流动比率。一般认为流动比率达到2:1,企业财务状况比较稳妥可靠,但在存货周转较快或结算资产较好的企业,流动比率也可以小一些。

? 想一想

如表5-9资料所示,试计算分析甲、乙公司的流动比率。

表5-9　　　　　　　　甲、乙公司流动资产、流动负债总额　　　　　　　　单位:万元

项目	甲公司	乙公司
流动资产	107 750	145 783
流动负债	81 142	99 518

(3)速动比率。速动比率,又称酸性测试比率,是指速动资产与流动负债的比值,表示每一元流动负债有多少元速动资产作为保障。其计算公式为:

$$速动比率=(速动资产÷流动负债)×100\%$$

$$速动资产=流动资产-存货$$

存货的变现性较差,将其从流动资产中减去后计算的速动比率反映了企业的实际短期偿债能力。在进行企业短期偿债能力分析时,常常将此指标作为流动比率指标的一个重要的辅助指标。速动比率一般等于或稍大于1比较合适,但这不是绝对的,应根据行业特点、企业的具体情况而定。

> **想一想**
>
> 如表5-10资料所示,试计算分析甲、乙公司的流动比率。

表5-10　　　　　　甲、乙公司流动资产、流动负债、存货总额　　　　　单位:万元

项目	甲公司	乙公司
流动资产	107 750	145 783
流动负债	81 142	99 518
存货	62 783	75 772

(4)现金比率。现金比率是指现金类资产与流动负债的比值,其计算公式如下:

$$现金比率 = 现金类资产 \div 流动负债 \times 100\%$$

其中现金类资产包括货币资金和交易性金融资产。

现金是流动性最强的资产,现金类资产包括货币资金、交易性金融资产等。现金类资产可以直接用于偿债,因此现金比率比流动比率和速动比率更能准确地衡量企业的短期偿债能力,最能反映企业直接偿付流动负债的能力。一般认为,现金比率20%以上为好,但这一比率过高,就意味着企业流动资产未能得到合理运用,而现金类资产获利能力低,这类资产金额太高会导致企业机会成本增加。

2.长期偿债能力分析

长期偿债能力是指企业偿还长期债务的能力,或者是企业长期债务到期时,企业盈利或资产可用于偿还企业长期负债的能力。长期偿债能力分析又称风险性评价,主要研究企业资产与负债的比例关系、企业配置资源的获利能力,以及企业长期资产的规模和结构。分析长期偿债能力的主要指标有资产负债率、产权比率、权益乘数等。

(1)资产负债率。资产负债率,是负债总额与资产总额的比值,其计算公式为:

$$资产负债率 = (负债总额 \div 资产总额) \times 100\%$$

资产负债率反映了企业资本结构问题,反映了企业全部资金中有多大的比例是通过借债而筹集的。资产负债率越高,资产对负债的保障程度越低,说明借入资金在全部资产中所占的比重越大,所有者投入的资金越少,企业不能偿还负债的风险也越高。

当企业资产负债率高于50%时,表示企业资产来源主要依靠负债,财务风险较大;当企业资产负债率低于50%时,表示企业资产来源主要依靠所有者权益,财务比较稳健。资产负债率越低,表明企业资产对负债的保障能力越高,企业的长期偿债能力越强。一般保守观点认为资产负债率不应高于50%,而国际上通常认为资产负债率为60%时较为恰当。如果企业的资产负债率大于100%,则表明企业已经资不抵债,视为达到破产的警戒线。

想一想

如表5-11资料所示，试计算分析永乐公司的资产负债率。

表5-11　　　　　永乐公司资产、负债、所有者权益总额　　　　　单位：万元

项目	2016年	2017年
资产总额	86 855	117 621
负债总额	150 096	216 123
所有者权益总额	63 241	98 502

（2）产权比率。产权比率，是企业负债总额与所有者权益总额的比率，表示每一元股东权益借入的债务额。它表明了债权资金和股权资金的相对关系，即企业的财务结构是否稳定；而且反映了债权人资本受股东权益的保障程度，或者是企业清算时对债权人利益的保障程度。其计算公式为：

产权比率＝（负债总额÷所有者权益总额）×100%

一般来说，产权比率越低，表明企业长期偿债能力越强，债权人保障程度越高。在分析时同样需要结合企业的具体情况，当企业的资产收益率高于负债成本率时，负债经营有利于提高资产收益率，获得额外的利润，这时的产权比率可适当高些。产权比率高，是高风险、高报酬的财务结构；产权比率低，是低风险、低报酬的财务结构。

你知道吗

产权比率与资产负债率对评价偿债能力的作用基本上是一致的，只是资产负债率侧重于分析债务偿付安全性的物质保障程度，产权比率侧重于揭示财务结构的稳健程度及自有资金对偿债风险的承受能力。

想一想

如表5-11资料所示，试计算分析永乐公司的产权比率。

（3）权益乘数。权益乘数，又称财务杠杆比率，是资产总额对所有者权益总额的倍数，表明一元股东权益拥有的资产额。其计算公式为：

权益乘数＝（资产总额÷所有者权益总额）×100%

权益乘数越大表明所有者投入企业的资本占全部资产的比重越小，企业负债的程度越高，财务风险越大；反之，该比率越小，表明所有者投入企业的资本占全部资产的比重越

大，企业的负债程度越低，债权人权益受保护的程度越高。

你知道吗

权益乘数的倒数为股东权益比率，是企业的所有者权益总额除以资产总额的比率。该比率反映了每一元资产中所有者提供的份额，该比率越高，债权人的资金越有保障，企业偿债能力越强，债务风险越小。经济繁荣期，投资者希望该比率越小越好；经济衰退期，投资者希望该比率越大越好。从债权人角度看，该比率越大越好。

（二）营运能力分析

营运能力指的是企业的经营运行能力，即企业运用各项资产以赚取利润的能力。企业营运能力的财务分析指标有应收账款周转率、存货周转率、流动资产周转率和总资产周转率等。这些比率揭示了企业资金运营周转的情况，反映了企业对经济资源管理、运用的效率高低。企业资产周转越快，流动性越高，企业的偿债能力越强，资产获取利润的速度就越快。

1．应收账款周转率

应收账款周转率是反映应收账款周转速度的指标，它是一定时期内赊销收入净额与应收账款平均余额的比率，它可以测定企业某特定期间收回赊销账款的能力和速度。

应收账款周转率有两种表示方法，一种是应收账款在一定时期内（通常为一年）的周转次数，其计算公式为：

$$应收账款周转次数＝赊销收入÷应收账款平均余额$$

赊销收入，即商品销售收入扣除现销收入、销售折让与折扣后的余额；应收账款平均余额，是年初应收账款余额和年末应收账款余额的平均数。该指标越高，表明一年内收回的账款次数越多，意味着平均收回账款的时间越短，应收账款收回得越快。否则，企业的营运资金过多地呆滞在应收账款上，影响企业正常的资金周转。

另一种是应收账款的周转天数即所谓应收账款账龄，它表示企业从取得应收账款权利到收回款项并转换为现金所需的时间，其计算公式为：

$$应收账款周转天数＝360÷应收账款周转次数$$

一般而言，应收账款周转天数并无一定的标准，也很难确立一个理想的比较基数，因为所需天数越少，一年的应收账款周转次数才会越多。一个企业的应收账款周转天数究竟多少才合适，应视企业的规定并参照同行业所定标准而制定。

2．存货周转率

存货周转率是企业存货周转情况分析的重要指标。存货周转率是指企业在一定时期内存货占用资金可周转的次数，或存货每周转一次所需要的天数。因此，存货周转率指标有存货周转次数和存货周转天数两种形式，其计算公式为：

$$存货周转次数 = 销售成本 \div 存货平均余额$$

其中，

$$平均存货 = （期初存货 + 期末存货）\div 2$$
$$存货周转天数 = 360 \div 存货周转次数$$

在一般情况下，存货周转次数越多越好，周转天数越少越好。通过不同时期存货周转率的比较，可评价存货管理水平，查找出影响存货利用效果变动的原因、不断提高存货管理水平。

在存货平均水平一定的条件下，存货周转率越高，表明企业的销货成本数额增多，产品销售的数量增长，企业的销售能力加强。反之，则销售能力不强。企业要扩大产品销售数量，增强销售能力，就必须在原材料购进，生产过程中的投入，产品的销售，现金的收回等方面做到协调和衔接。因此，存货周转率不仅可以反映企业的销售能力，而且能用以衡量企业生产经营中的各有关方面运用和管理存货的工作水平。

存货周转率可以衡量存货的储存是否适当，是否能保证生产不间断地进行和产品有秩序的销售。存货既不能储存过少，造成生产中断或销售紧张；又不能储存过多形成呆滞、积压；也反映存货结构合理与质量合格的状况。因为只有结构合理，才能保证生产和销售任务正常，顺利地进行；只有质量合格，才能有效地流动，从而达到存货周转率提高的目的。

3. 流动资产周转次数（率）

流动资产周转率是反映企业流动资产周转速度的指标，它是流动资产的平均占用额与流动资产在一定时期所完成的周转额之间的比率。其计算公式为：

$$流动资产周转次数（率）=（销售收入 \div 流动资产平均余额）\times 100\%$$

在一定时期内，流动资产周转次数越多，表明以相同的流动资产完成的周转额越多，流动资产利用的效果越好。流动资产周转率用周转天数表示时，周转一次所需要的天数越少，表明流动资产在经历生产和销售各阶段时占用的时间越短，周转越快。生产经营任何一个环节上的工作得到改善，都会反映到周转天数的缩短上来。按天数表示的流动资产周转率能更直接地反映生产经营状况的改善，便于比较不同时期的流动资产周转率，应用较为普遍。

4. 总资产周转次数（率）

总资产周转率是企业销售收入与资产总额的比率，反映总资产周转情况的指标，总资产周转速度的快慢，可以表明总资产利用效率的高低。其计算公式为：

$$总资产周转次数（率）=（销售收入 \div 总资产平均余额）\times 100\%$$

这一比率是衡量公司总资产是否得到充分利用的指标，如果这个比率较低，则说明企业利用全部资产进行经营的效率较差，最终会影响企业的获得能力。这种情况下，企业就应该采取措施提高各项资产的利用程度从而提高销售收入或处理多余资产。

（三）盈利能力分析

盈利能力是指企业获取利润的能力，是投资者取得投资收益、债权人收取本息的资金来源，是经营者经营业绩和管理效能的集中表现，也是职工集体福利设施不断完善的重要保障。反映公司盈利能力的指标很多，通常使用的指标主要有销售毛利率、销售净利率、净资产收益率、总资产收益率、每股收益、每股净资产、市盈率等。

你知道吗　关于盈利能力

企业经营业绩的好坏最终通过企业的盈利能力来反映，盈利能力的大小是一个相对的概念，即利润相对于一定的资源投入、一定的收入而言。利润率越高，盈利能力越强；利润率越低，盈利能力越差。无论是企业的经理人员、债权人，还是股东（投资人）都非常关心企业的盈利能力，并重视对利润率及其变动趋势的分析与预测。

- 对企业经理人员来说，一方面利用盈利能力的有关指标反映和衡量企业经营业绩；另一方面，通过盈利能力分析发现经营管理中存在的问题。
- 对于债权人来说，盈利能力的强弱直接影响企业的偿债能力。企业举债时，债权人势必审查企业的偿债能力，而偿债能力的强弱最终取决于企业的盈利能力。
- 对于股东（投资人）而言，在市场经济下，股东往往会认为企业的盈利能力比财务状况、营运能力更重要。股东们的直接目的就是获得更多的利润，人们总是将资金投向盈利能力强的企业；此外，企业盈利能力增加还会使股票价格上升，从而使股东们获得资本收益。

1．销售毛利率

销售毛利率是毛利占销售收入的百分比，其中毛利是销售收入与销售成本的差。其计算公式为：

$$销售毛利率 = （销售收入 - 销售成本）\div 销售收入 \times 100\%$$

销售毛利率反映产品销售一元所包含的毛利是多少，即销售收入扣除销售成本后还有多少剩余可用于各期费用和形成利润。销售毛利率越高，表明产品的盈利能力越强。将销售毛利率与行业水平比较，可以反映企业产品的市场竞争地位。那些销售毛利率高于行业水平的企业意味着实现一定的收入占用了更少的成本，表明它们在资源、技术或劳动生产率方面具有竞争优势。而那些销售毛利率低于行业水平的企业则意味着行业中处于竞争劣势。此外，将不同行业的销售毛利率进行横向比较，也可以说明行业间盈利能力差异。

想一想

永乐公司2017年度的销售总收入为3 200 000元，其中销售折扣为200 000元，销售成本为2 400 000元，该年度公司的销售费用为100 000元，管理费用为100 000元，计算该公司的销售毛利率。

2. 销售净利率

销售净利率是指企业实现净利润与销售收入的对比关系，用以衡量企业在一定时期的销售收入获取的能力。其计算公式为：

$$销售净利率 = (净利润 \div 销售收入) \times 100\%$$

销售净利率反映每一元销售收入带来的净利润的多少，用于反映产品最终的盈利能力。它与净利润成正比关系，与销售收入成反比关系，企业在增加销售收入额的同时，必须相应地获得更多的净利润，才能使销售净利率保持不变或有所提高。在利润表上，从销售收入到净利润需要销售成本、期间费用、税金等项目。因此，将销售净利率按照利润的扣除项目进行分解可以识别影响销售净利率的主要因素。

? 想一想

永乐公司2017年实现净利润650万元，销售收入15 010万元，计算该公司的销售净利率。

3. 净资产收益率

净资产收益率又称所有者权益报酬率或净资产利润率，是净利润与平均股东权益的百分比，是公司税后利润除以净资产得到的百分比率，该指标表示每一元股东资本赚取的净利润，反映企业资本经营的盈利能力。其计算公式为：

$$净资产收益率 = (净利润 \div 净资产平均余额) \times 100\%$$

$$净资产平均余额 = (期初净资产余额 + 期末净资产余额) \div 2$$

净资产收益率越高，说明企业所有者权益的盈利能力越强。影响该指标的因素，除了企业的盈利水平以外，还有企业所有者权益的大小。对所有者来说，该比率越大，投资者投入资本盈利能力越强。在我国，该指标既是上市公司对外必须披露的信息内容之一，也是决定上市公司能否配股进行再融资的重要依据。

? 想一想

永乐公司2016年净利润770万元，年末所有者权益为4 430万元；2017年净利润650万元，年末所有者权益为4 730万元。假设2016年年初所有者权益为4 000万元，计算分析该公司净资产收益率。

4. 总资产收益率

总资产收益率，是企业一定期限内实现的收益额与该时期企业平均资产总额的比率。

该指标反映了企业资产综合利用效果的程度，也是衡量企业利用债权人和所有者权益总额所取得盈利的重要指标。其计算公式为：

$$总资产收益率＝（净利润÷总资产平均总额）×100\%$$

其中，总资产平均总额＝（年初资产总额＋年末资产总额）÷2

总资产收益率的高低直接反映了公司的竞争实力和发展能力，也是决定公司是否应举债经营的重要依据。该比率越高，表明资产利用的效益越好，整个企业获利能力越强，经营管理水平越高。

? 想一想

永乐公司2017年年初资产总额为680 000万元，年末为618 000万元；2017年利润总额为84 456万元；2017年的利息额为2 047万元。计算永乐公司2017年总资产收益率。

5．每股收益

每股收益即每股盈利，指税后利润与股本总数的比率，是普通股股东每持有一股所能享有的企业净利润或需承担的企业净亏损。每股收益通常被用来反映企业的经营成果，衡量普通股的获利水平及投资风险，是投资者等信息使用者据以评价企业盈利能力、预测企业成长潜力、进而做出相关经济决策的重要的财务指标之一。其计算公式为：

$$每股收益＝归属于公司普通股股东的净利润÷发行在外的普通股加权平均数$$

其中，发行在外的普通股加权平均数＝初期发行在外普通股股数＋当期新发普通股股数×已发行时间÷报告期时间－当期回购普通股股数×已回购时间÷报告期时间

? 想一想

某上市公司2017年度归属于普通股股东的净利润为25 000万元。2016年年末的股本为8 000万股，2017年2月8日，经公司2016年度股东大会决议，以截止到2016年年末公司总股本为基础，向全体股东每10股送红股10股，工商注册登记变更完成后公司总股本变为16 000万股。2017年11月29日发行新股6 000万股。计算该公司的每股收益。

6．每股净资产

每股净资产是指股东权益与总股数的比率。其计算公式为：

$$每股净资产＝净资产÷股数$$

这一指标反映每股股票所拥有的资产现值。每股净资产越高，股东拥有的每股资产价值越多；每股净资产越少，股东拥有的每股资产价值越少。通常每股净资产越高越好。

想一想

某上市公司2017年年末净资产为15 600万元，全部为普通股，年末普通股股数为12 000万股。计算该公司每股净资产。

7. 市盈率

市盈率，又称价格—盈余比率，是普通股每股市场价格与每股利润的比率。它是反映股票盈利状况的重要指标，也是投资者对从某种股票获得一元利润所愿支付的价格。其计算公式为：

$$市盈率 = 每股市价 \div 每股收益$$

市盈率越高，表明企业获利的潜力越大。反之，则表明企业的前景并不乐观。股票投资者通过对市盈率的比较，用作投资选择的参考。

想一想

假定某上市公司2017年年末每股市价为3.9元，每股净资产为1.3元，计算该公司2018年年末市盈率。

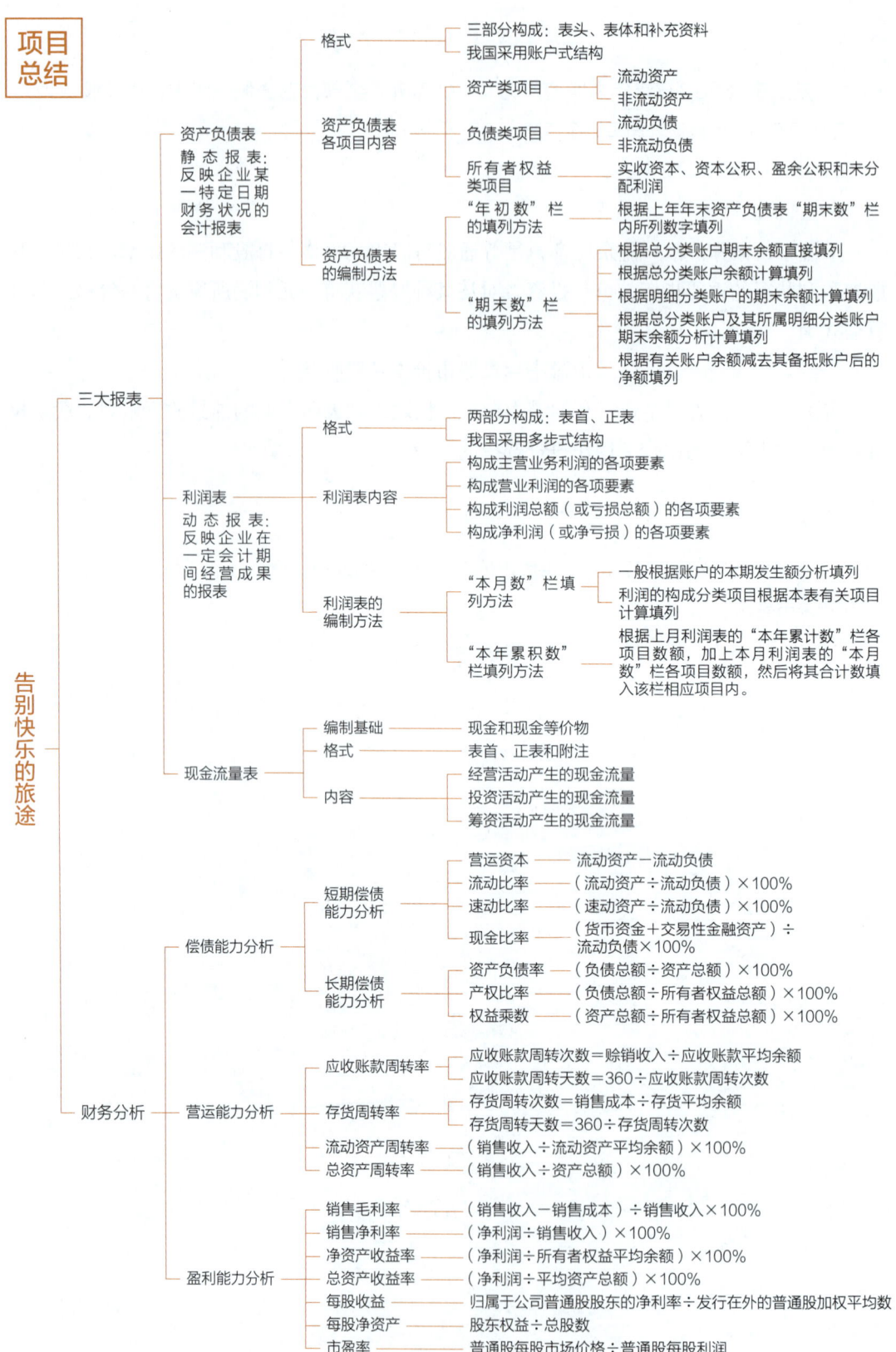

知识巩固

一、单项选择题

1. 编制资产负债表所依据的会计等式是（　　）。
   A. 收入－费用＝利润
   B. 资产＝负债＋所有者权益
   C. 借方发生额＝贷方发生额
   D. 期初余额＋本期借方发生额－本期贷方发生额＝期末余额

2. 资产在资产负债表中列示的顺序是（　　）。
   A. 项目重要性　　B. 项目流动性　　C. 项目收益性　　D. 项目时间性

3. 某日，新华公司的负债为7 455万元、非流动资产合计为4 899万元、所有者权益合计为3 000万元，则当日该公司的流动资产合计应当为（　　）。
   A. 2 566万元　　B. 4 455万元　　C. 1 899万元　　D. 5 556万元

4. 一般情况下，不属于速动资产的是（　　）。
   A. 存货　　B. 货币资金　　C. 应收账款　　D. 交易性金融资产

5. 利润表上半部分反映日常活动，下半部分反映非日常活动，其分界点是（　　）。
   A. 营业利润　　B. 利润总额　　C. 主营业务利润　　D. 净利润

6. 编制财务报表时，以"收入－费用＝利润"这一会计等式作为编制依据的财务报表是（　　）。
   A. 利润表　　B. 所有者权益变动表　　C. 资产负债表　　D. 现金流量表

7. 某企业本月主营业务收入为1 000 000元，其他业务收入为80 000元，营业外收入为90 000元，主营业务成本为760 000元，其他业务成本为50 000元，营业税金及附加为30 000元，营业外支出为75 000元，管理费用为40 000元，销售费用为30 000元，财务费用为15 000元，所得税费用为75 000元。则该企业本月营业利润为（　　）元。
   A. 170 000　　B. 155 000　　C. 25 000　　D. 80 000

8. 一家公司拥有价值400万元的流动资产，由200万元现金、100万元应收账款、100万元存货组成。该公司有200万元的长期负债，其中包括100万元的应付账款、75万元的应付票据。应付票据6个月内到期。公司的速动比率是（　　）。
   A. 0.80　　B. 1.29　　C. 1.71　　D. 2.29

9. 一家公司的应收账款回收天数等于（　　）。
   A. 存货转换天数
   B. 平均日销售额除以总资产
   C. 应收账款余额除以日销售额
   D. 存货除以日平均销售额

10. 某企业本年主营业务收入净额为36 000万元，流动资产平均余额为4 000万元，固定资产平均余额为8 000万元。假定没有其他资产，则该企业本年的总资产周转率为（　　）次。
    A. 3.0　　B. 3.4　　C. 2.9　　D. 3.2

项目五　告别快乐的旅途　199

二、多项选择题

1. 企业资产负债表所提供的信息主要包括（　　）。
   A. 企业拥有或控制的资源及其分布情况
   B. 企业所承担的债务及其不同的偿还期限
   C. 企业所有者在企业资产中享有的经济利益份额及其结构
   D. 企业利润的形成情况及其影响增减变动的因素

2. 下列各项中，属于非经营活动损益的项目有（　　）。
   A. 财务费用　　　B. 营业外收支　　　C. 投资收益　　　D. 所得税

3. 下列各项中，不应列入利润表"管理费用"项目的是（　　）。
   A. 计提的坏账准备
   B. 出租无形资产的摊销额
   C. 支付中介机构的咨询费
   D. 处置固定资产的净损失

4. 财务费用项目的分析包括（　　）。
   A. 利息支出　　　B. 利息收入　　　C. 汇兑收益　　　D. 汇兑损失

5. 2017年3月，M公司由于环境污染，被环保部门罚款50 000元，应该确认为（　　）。
   A. 管理费用　　　B. 财务费用　　　C. 营业外支出　　　D. 其他业务成本

6. 资产负债表的"期末余额"栏各项目数据来源是（　　）。
   A. 根据总账账户余额直接填列
   B. 根据明细账账户余额直接填列
   C. 根据总账账户余额和明细账账户余额分析计算填列
   D. 根据总账账户余额计算填列

7. 常见利润表的格式有（　　）。
   A. 单步式　　　B. 双步式　　　C. 三步式　　　D. 多步式

8. 现金流量表分为（　　）。
   A. 投资活动产生的现金流量
   B. 消费活动产生的现金流量
   C. 筹资活动产生的现金流量
   D. 经营活动产生的现金流量

8. 下列各项中属于短期偿债能力分析的是（　　）。
   A. 流动比率　　　B. 速动比率　　　C. 现金比率　　　D. 资产负债率

9. 反映企业盈利能力的指标有（　　）。
   A. 净资产收益率　　　B. 总资产收益率　　　C. 销售毛利率　　　D. 市盈率

10. 下列指标中比率越高，说明企业盈利能力越强的有（　　）。
    A. 销售毛利率　　　B. 销售净利率　　　C. 总资产收益率　　　D. 净资产收益率

三、判断题

1. 企业年末资产负债表中的未分配利润报表项目的金额等于"利润分配"科目的年末余额。（　　）

2. "长期借款"项目应该根据"长期借款"总账科目余额填列。（　　）
3. 资产负债表中确认的资产都是企业拥有的。（　　）
4. 多步式利润表能够科学地揭示企业利润及其构成内容的形成过程，便于对企业生产经营情况进行分析，有利于不同企业之间进行比较。（　　）
5. 增值税应在利润表的营业税金及附加项目中反映。（　　）
6. 净利润是指营业利润减去所得税费用后的金额。（　　）
7. 现金流量表是以现金和现金等价物为基础编制的。（　　）
8. 流动比率是指流动资产与流动负债的比例关系，表示每100元的负债能够有多少资产作为保障。（　　）
9. 企业盈利能力的高低与利润的高低成正比。（　　）
10. 市盈率越高，表明企业获利的潜力越大。（　　）

四、简答题

1. 简述资产负债表编制方法。
2. 简述利润表构成内容。
3. 简述影响短期偿债能力、长期偿债能力的因素有哪些。
4. 简述营运能力分析指标有哪些。
5. 简述盈利能力分析的意义。

技能训练

一、资产负债表的编制

万华股份有限公司2017年12月31日全部账户余额如表5-12所示，根据资料编制资产负债表。

表5-12　　万华股份有限公司2017年12月31日各账户余额　　单位：万元

账户名称	年初借方	年初贷方	期末借方	期末贷方
库存现金	2 000		2 000	
银行存款	1 280 000		811 445	
其他货币资金	124 300		7 300	
交易性金融资产	15 000			
应收票据	246 000			
应收账款	300 000		600 000	
坏账准备		900		1 800
预付账款	100 000		100 000	

续表

账户名称	年初借方	年初贷方	期末借方	期末贷方
其他应收款	5 000		5 000	
材料采购	225 000		275 000	
原材料	550 000		45 000	
周转材料——包装物	38 050		38 050	
周转材料——低值易耗品	50 000			
库存商品	1 680 000		2 212 400	
材料成本差异	36 950		4 250	
固定资产清理	100 000			
长期股权投资	250 000		250 000	
固定资产	1 500 000		2 401 000	
累计折旧		400 000		170 000
在建工程	1 500 000		674 000	
无形资产	600 000		540 000	
长期待摊费用	200 000		200 000	
短期借款		300 000		50 000
应付票据		200 000		100 000
应付账款		953 800		953 800
其他应付款		50 000		50 000
应付职工薪酬——工资		100 000		100 000
应付职工薪酬——福利费		10 000		80 000
应交税费		30 000		105 344
应付利息		6 600		6 600
应付股利				32 215
预收账款		1 000		
长期借款		1 600 000		1 160 000
其中：一年内到期的长期负债		1 000 000		
股本		5 000 000		5 000 000
盈余公积		100 000		135 686
其中：法定盈余公积				11 895
利润分配（未分配利润）		50 000		220 000
合计	8 802 300	8 802 300	8 165 445	8 165 445

二、利润表的编制

万华股份有限公司适应所得税税率25%，公司2017年12月的收入和费用资料如表5-13所示，根据资料编制利润表。

表5-13　　　　　　　　　　万华股份有限公司收入和费用资料　　　　　　　　单位：万元

账户名称	借方发生额	贷方发生额
主营业务收入		700 000
其他业务收入		10 000
营业外收入		5 500
投资收益		12 000
主营业务成本	350 000	
其他业务成本	40 000	
营业税金及附加	7 000	
销售费用	12 000	
管理费用	30 000	
财务费用	3 000	
资产减值损失	5 000	
营业外支出	5 000	

三、财务指标计算

（一）偿债能力指标计算

某公司2016年12月31日资产负债表如表5-14所示。

表5-14　　　　　　　　　　　　资产负债表　　　　　　　　　　　单位：万元

资产	年初	年末	负债及所有者权益	年初	年末
流动资产：			流动负债合计	1 100	1 090
货币资金	500	475	长期负债合计	1 450	1 860
应收账款	675	750	负债合计	2 550	2 950
存货	950	1 025			
流动资产小计	2 125	2 250	所有者权益合计	3 575	3 600
固定资产	4 000	4 300			
合计	6 125	6 550	合计	6 125	6 550

要求：计算2016年年末的流动比率、速动比率、现金比率、资产负债率、产权比率。

（二）营运能力指标计算

ABC公司年初应收账款为30万元，年末应收账款为40万元，本年净利润为30万元，销售净利润为20%，销售收入中赊销收入占70%。

要求：计算该公司本年度应收账款周转次数和周转天数。

（三）盈利能力指标计算

1. 某公司有关财务资料如表5-15所示。

表5-15　　　　　　　　　　　　财务资料　　　　　　　　　　　　单位：万元

项目	2016年	2017年
净利润	8 310	8 166
资产平均总额	48 827	67 724
平均净资产	43 882	60 706
平均实收资本	13 813	14 644
销售利润	9 126	9 811
销售收入净额	18 294	19 248
销售毛利	9 365	10 037

要求：计算盈利能力分析的相关指标，并对该公司盈利能力及其变化做出财务分析。

2. 某公司2017年的净利润为82 098万元，应付优先股股利为30万元。假设该公司流通在外的普通股股数情况如表5-16所示。

表5-16　　　　　　　　　公司流通在外的普通股股数情况

时间	股数	权数
1~7月	12 413 800	7/12
8~12月	13 655 000	5/12
合计		

要求：计算公司的每股收益。

参考文献

[1] 企业会计准则. 中华人民共和国财政部[M]. 北京：经济科学出版社，2006.
[2] 企业会计准则——应用指南. 中华人民共和国财政部[M]. 北京：经济科学出版社，2006.
[3] 高香林，吴彦文. 基础会计[M]. 北京：高等教育出版社，2011.
[4] 陈立波. 会计基础[M]. 北京：北京理工大学出版社，2011.
[5] 范翠玲，田宏. 基础会计与实务[M]. 北京：北京理工大学出版社，2012.
[6] 刘宝燕，崔玉娟. 基础会计[M]. 北京：高等教育出版社，2012.
[7] 张立俊. 商务会计基础[M]. 北京：中国铁道出版社，2016.
[8] 会计基础. 中华会计网校[M]. 北京：高等教育出版社，2016.
[9] 蒋晓凤. 行业会计比较[M]. 北京：人民邮电出版社，2017.